Das Regenwetter Mit-Mach-Buch

Spiele * Geschichten * Bastelspaß

herausgegeben von Heidemarie Brosche

illustriert von Friederike Spengler

Pattloch Verlag

Die Deutsche Bibliothek - CIP-Einheitsaufnahme

Das Regenwetter-Mit-Mach-Buch:
Spiele – Geschichten – Bastelspaß/hrsg. von
Heidemarie Brosche. Ill. von Friederike Spengler. –
Augsburg: Pattloch, 1995
ISBN 3-629-00290-0
NE: Brosche, Heidemarie [Hrsg.]; Spengler, Friederike

Gedruckt auf chlorfrei gebleichtem Papier.

Pattloch Verlag, Augsburg
© Weltbild Verlag GmbH, 1995
Satz: Sabon und Tekton von Utesch Satztechnik,
Hamburg
Reproduktion: Litho-Art, München
Druck und Bindung: Offizin Andersen Nexö, Leipzig
Printed in Germany
ISBN 3-629-00290-0

Inhalt

Es regnet, es regnet...

Sonntagmorgen! Andi und Lena wachen auf. Noch etwas verschlafen reibt sich Lena die Augen und tapst zum Fenster, um die Rolläden hochzuziehen. „Pssst..., leise, du weißt doch, daß Papa und Mama sonntags immer ausschlafen wollen", gähnt Andi. Vorsichtig zieht Lena den Rolladen hoch. „Oh je", stöhnt sie, „es regnet auch noch." „Und das am Sonntag!" mault Andi. Gemeinsam starren die beiden aus dem Fenster.

„Es regnet, es regnet, die Erde wird naß...", singt Lena so falsch sie nur kann. „Hör doch auf!" unterbricht Andi das Gejaule. Er öffnet das Fenster einen Spaltbreit und hält seine Hand in den Regen, um seiner Schwester eine kleine Abkühlung zu verpassen. Als er die Hand wieder hereinzieht, sehen die beiden plötzlich etwas hüpfen. Ungläubig starren sie auf Andis Hand. Zwei lustige kleine Gesellen vollführen hier ihre Kunststücke. Sie springen wie Gummibälle auf und nieder, und schließlich vollführen sie gemeinsam einen Überschlag. „Lena", stößt Andi seine Schwester mit der freien Hand an und schüttelt immer wieder den Kopf, „hast du das gesehen? Die sind ja der reine Wahnsinn."

Doch ehe Lena antworten kann, hören sie auch schon eine Stimme: „Hallo, ihr zwei! Wir freuen uns riesig, daß wir heute bei euch gelandet sind. Aber gestattet erst einmal, daß wir uns vorstellen. Das ist mein Bruder Trops..."

„Und das hier ist Trips, mein heiß geliebtes Schwesterlein", mischt sich Trops nun ein, „wir sind Regentropfenkinder. Aber warum schaut ihr denn so trübsinnig?"

„Ach, weil es regnet", gibt Andi ohne nachzudenken zur Antwort, „Regen ist doof". Lena stößt ihn in die Seite. „Das sind doch Regentropfenkinder!" zischt sie ihm ins Ohr, wobei sie das „Regen" betont. Aber da ist Andi ohnehin an die Richtigen geraten. Schon meldet sich Trips energisch zur Stelle: „Regen ist doof, sagst du. Da will ich dir mal was erzählen. Regen ist überhaupt nicht doof, sondern wichtig." Andi und Lena schauen sich etwas skeptisch, aber auch neugierig an. „Erzählen ist immer gut", meint Lena.

7

Und Trips beginnt: „Ihr wißt doch, daß es auf der ganzen Welt Wasser gibt: Bäche, Flüsse, Seen und natürlich die großen Meere."

„Klar wissen wir das", nicken Andi und Lena.

„Wenn nun die Sonne scheint", erklärt Trips weiter, „heizt sie das Wasser auf. So lange, bis es verdunstet. Das heißt, es steigt als Wasserdampf in winzigen Tröpfchen zum Himmel auf. Ihr könnt euch diese Tröpfchen wie klitzekleine Seifenblasen vorstellen."

„Ja, und beim Hochsteigen", meldet sich nun auch Trops wieder zu Wort, „kühlt sich der Dampf ab und wird wieder zu Wasser. Man sagt, er kondensiert zu Wasser. Oben am Himmel treffen sich dann viele, viele Wassertröpfchen und bilden zusammen..."

„...Wolken!" sagen Andi und Lena gleichzeitig. Auf einmal kommt ihnen die ganze Geschichte doch ein wenig bekannt vor. Im Fernsehen haben sie schon mal was drüber gehört. Und in der Schule. War das nicht die Sache mit dem Wasserkreislauf?

„Genau", nickt Trops, „und schließlich fällt das Wasser als Regen wieder auf die Erde. Und so sind wir eben heute zu euch gekommen. Ihr habt euch nicht gefreut, das wissen wir ja nun. Aber trotzdem: Regen ist gut für die Natur! Das solltet ihr eigentlich wissen. Die Pflanzen brauchen nun mal was zu trinken. Und Regen kann so schön aussehen. Nämlich dann, wenn gleichzeitig die Sonne scheint. Dann gibt es einen herrlich bunten ..."

„Regenbogen!" ergänzen Andi und Lena wieder. „Wieso eigentlich? Das wollten wir schon lange mal wissen."

Trips erklärt es gerne: „Ein Regenbogen ist eigentlich nur zu sehen, wenn die Sonne hinter euch Menschen steht und sich auch noch knapp über dem Horizont befindet. Die einzelnen Regentropfen wirken dann wie Glasprismen. Das Licht wird so in sein Spektrum aufgespaltet. Mit Farben von Rot über Gelb und Blau bis Violett. Verstanden?"

Andi und Lena nicken mit ernsten Gesichtern. Ganz schön kompliziert!

„Aber zurück zu etwas viel Wichtigerem als einem wunderschönen Regenbogen. Wie es in Ländern aussieht, in denen es zu wenig oder gar nicht regnet", meint Trips, „müßtet ihr eigentlich wissen. Dürre ist etwas ganz Schlimmes. Die Pflanzen vertrocknen, Tieren und Menschen geht es sehr schlecht."

„Dann macht doch bei denen mal einen Be-

such!" unterbricht Lena Trips' und Trops'
Erzählung.

„Das können wir nicht bestimmen, wo wir
runterkommen", ereifert sich Trips, „das
hängt von Wind und Wetterlage und so
was ab."

„Glaubt ihr", fügt Trops hinzu, „es gäbe
solche Katastrophen wie Hochwasser,
wenn wir da was zu sagen hätten? Wir
würden doch nicht in Massen da runterkommen, wo ohnehin schon viel zu viel
Wasser ist."

„Aber Regen an sich ist nicht doof", beto-
nen beide gleichzeitig noch einmal, „das
möchten wir euch echt klarmachen."

„Okay, okay, haben wir kapiert", grinsen
Andi und Lena verlegen.

„Aber was wir an solch einem Regentag
machen sollen, wissen wir halt trotzdem
nicht. Fernsehen, Mensch ärgere dich nicht
spielen…"

„…Kassetten hören, lesen, ist halt immer
dasselbe. Wenn man raus kann, fällt einem
immer was ein. Da trifft man auch andere
Kinder. Das ist einfach schöner."

„Na also", lacht Trips, „wer sagt denn, daß
ihr bei Regen nicht raus könnt? Und daß da
keine Kinder draußen sind? Gerade zu
mehreren kann es im Regen lustig sein!"

„Bei Regen kann man wirklich tolle Sachen
machen, und euch fällt bestimmt noch viel
mehr ein, wenn ihr erst mal angefangen
habt zu spielen…", meint Trips ganz begeistert von der Idee.

Pitsche-patsche Regentropfen

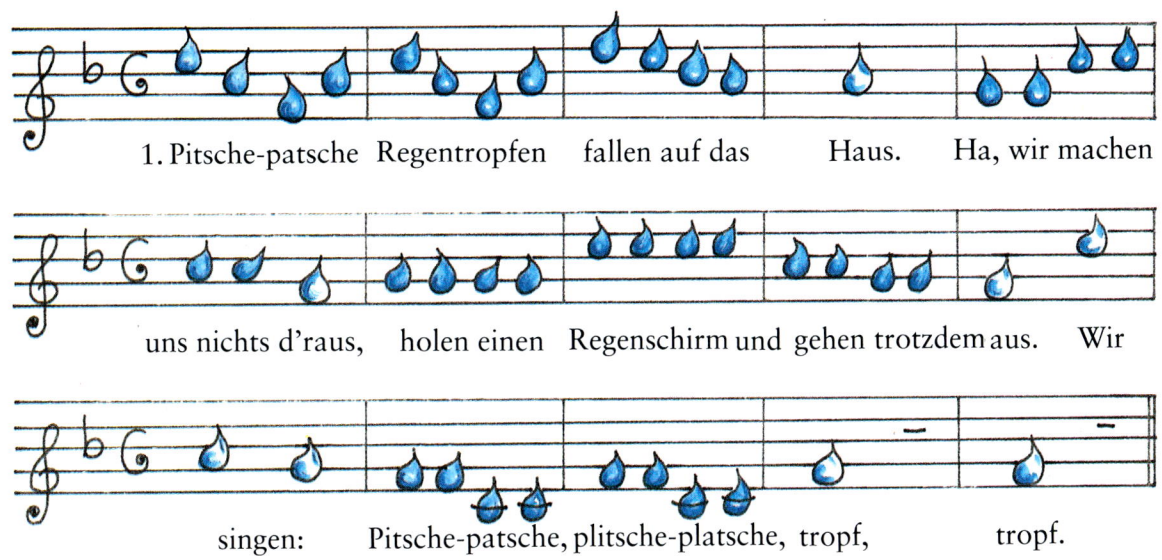

1. Pitsche-patsche Regentropfen fallen auf das Haus. Ha, wir machen uns nichts d'raus, holen einen Regenschirm und gehen trotzdem aus. Wir singen: Pitsche-patsche, plitsche-platsche, tropf, tropf.

2. Pitsche-patsche Regentropfen
finden Kinder schön;
stapfen in die Pfützen rein,
Mutter wird nicht böse sein
und wollen gar nicht geh'n.

Sie singen: Pitsche-patsche,
plitsche-platsche,
klitsche-klatsche,
tropf, tropf.

3. Pitsche-patsche Regentropfen
naß sind auch die Wiesen.
Kinder rufen: ei, famos,
große Leute schimpfen bloß,
und manche müssen niesen.

Wir singen: Pitsche-patsche,
plitsche-platsche,
klitsche-klatsche,
tritsche-tratsche,
tropf, tropf.

Text und Melodie: Frauke Hane,
Rechte bei der Autorin

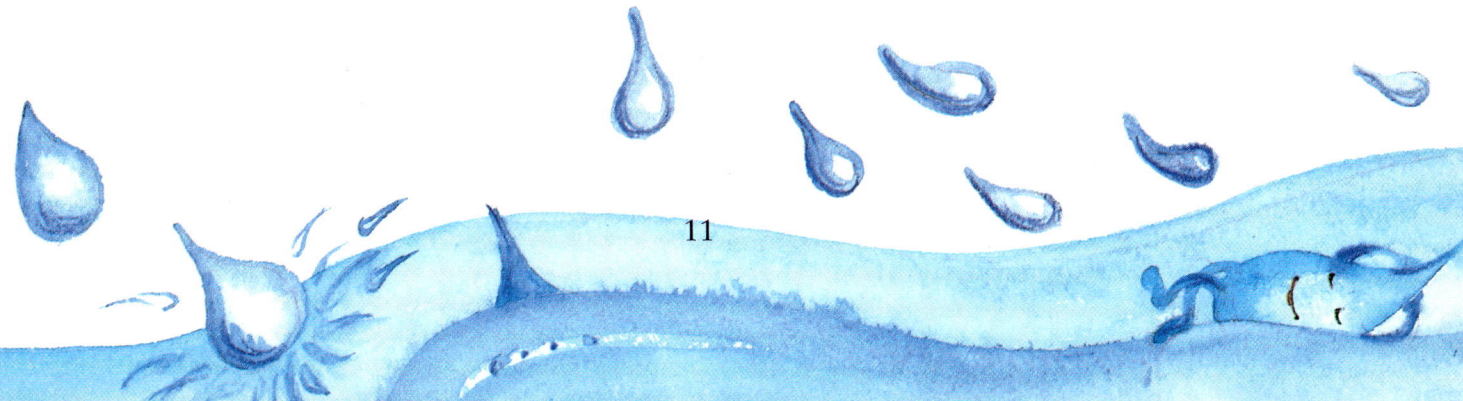

Wenn's pitscht und patscht, macht's richtig Spaß

Regenmusik

Gegenstände aus verschiedenen Materialien werden in den Regen gestellt. Wie klingt die Musik auf Holz, Plastik, Blech…?
Der Regen macht auf verschiedenen Blechdosen Plingplong-Musik.
Diese Musik kann man natürlich auch begleiten, indem man mit den Händen ins Wasser pitscht oder mit einem Stöckchen gegen die verschiedenen Materialien schlägt.
Wer schafft es, gleichzeitig mit den Regentropfentönen zu schlagen oder immer genau zwischen den Tönen?

Wer ist das schnellste Gummistiefeltier?

Jedes mitspielende Kind braucht zu diesem Spiel zwei Paar Gummistiefel. Ein Paar kommt natürlich an die Füße, und das andere stülpt man sich über die Hände. Auf Kommando legen die Gummistiefeltiere nun auf allen Vieren eine bestimmte Strecke zurück. Vielleicht kann man sogar einen Slalom legen oder kleine Hindernisse, die man umlaufen muß, festlegen.
Wer ist am schnellsten?
Wer läuft/hüpft/hoppelt am witzigsten?

Regentropfenfänger

Jedes Kind erhält einen (Papp-)Becher. Auf Kommando laufen alle los und versuchen, möglichst viele Regentropfen in ihren Bechern aufzufangen. Nach einer bestimmten Zeit wird verglichen.

Pfützenspiele

Pfützenhüpfen

Bei diesem Spiel muß man versuchen, über möglichst große Pfützen zu hüpfen, ohne hineinzutreten. Das macht sicher auch mal den Erwachsenen Spaß.

Steinchenwerfen

Von einer markierten Stelle aus versuchen alle, kleine Steinchen möglichst nahe an eine vorher vereinbarte Stelle (Fleck, Stein) in der Pfütze zu werfen.

Rinnsteinpiraten

Zu Hause kleine Papierschiffchen basteln und eventuell mit wasserfesten Farben bunt bemalen. Dann in Pfützen oder im Rinnstein fahren lassen.
Zwei Kinder versuchen, von entgegengesetzten Pfützenufern aus, ihre Schiffchen möglichst schnell ans andere Ufer zu pusten.
Gleiches Spiel wie oben, aber Schiffchen mit einem Stück Pappkarton über die Pfütze fächeln.

Wer bleibt trocken?

Alle Kinder stehen im Kreis um eine Pfütze herum. Sie fassen sich bei den Schultern. Auf Kommando dreht sich der Kreis um die Pfütze, immer schneller und schneller. Wer in die Pfütze tritt, scheidet aus, so daß der Kreis immer kleiner wird. Am Schluß bleiben nur noch zwei Kinder übrig: Wer wird nun Sieger?

Pfützenblubbern

Wenn man ein Stück Schlauch hat, kann man das Pfützenwasser durch Blasen zum Blubbern bringen. Man kann auch Trinkhalme zusammenstecken. Das wird besonders lustig, wenn viele Kinder mitmachen. Vielleicht läßt sich auch ein Wettblubbern veranstalten.

Staudamm bauen

Mit Steinen und Hölzern läßt sich das Wasser im Rinnstein stauen und umleiten. Spannend wird es, wenn man ein kleines Papierschiffchen oder irgendetwas anderes Leichtes, z. B. ein Blatt, auf dem umgeleiteten Wasser schwimmen läßt.

Sandspiele

Knödelpyramide

Der Sand im Sandkasten ist während des Regens so herrlich matschig. Da kann man ganz viele Knödel formen und sie zu einer Knödelpyramide aufschichten.

Sandformenbeet

Wenn der Sand nicht zu naß ist, kann man herrliche Muster in den Sand malen oder mit Sandförmchen, aber auch mit allen möglichen anderen Gefäßen, z. B. Joghurtbechern, abgeschnittenen Teilen von Plastikflaschen usw. Figuren setzen. Das gibt ein richtig schönes Sandformenbeet.

Sandburgen

Natürlich kann man mit nassem Sand auch phantasievolle Sandburgen bauen. Und warum nicht gleich noch eine Murmelbahn mit konstruieren?

Sandmalereien

In den nassen Sand lassen sich mit den Fingern oder mit kleinen Stecken Muster oder Bilder ritzen, z. B. Strichmännchen, Tiere, Blätter oder ähnliches. Auch schreiben kann man wunderbar, vielleicht sogar eine geheime Botschaft. Ganz schnell ist sie ja wieder weggewischt, nachdem sie gelesen wurde.

Sandfiguren

Wer Geduld hat, kann sich auch an eine „künstlerische" Arbeit machen. Einen Sandmann (wie Schneemann, aber liegend) bauen oder eine Sandente, ein Sandschwein, einen Sandhasen, ein Sandherz formen. Viele, viele Möglichkeiten gibt es.

"Manchmal regnet es so stark, daß man nicht mal mit Regenkleidung Lust hat, ins Freie zu gehen", sagt Trips. „Macht doch auch nichts. Drinnen muß es deshalb noch lange nicht langweilig sein. Freut euch, daß ihr im Trockenen seid und feiert zum Beispiel ein kleines Fest. Da gibt es unendlich viele Möglichkeiten. Eine Idee hätte ich schon.

Als wir damals im Froschteich gelandet sind", wendet.sie sich nun ihrem Bruder zu, „da war doch wirklich was los. Feiert doch selber mal ein Fröschefest! Da sind der Fantasie keine Grenzen gesetzt, es gibt viel vorzubereiten, zu malen, zu basteln und zu spielen."

Die Froschmaske

Gut geeignet zum Maskenbasteln ist ein Pappteller. Grün anmalen, große Augen und ein breites Mal drauf, und schon haben wir ein Froschgesicht. Dann an beiden Backen Löcher einschneiden, Brotzeittüten reinstecken und mit Klebeband innen an der Maske befestigen. Maske vors Gesicht, Tüten (= Schallblasen) aufblasen und – quak!

Froschkonzert

Jeder übt für sich einen Quakton, dann quaken alle zusammen.

15

Froschhüpfen

Wer braucht die wenigsten Sprünge?
Wer hüpft am schönsten?
Wer ist am schnellsten am Ziel?
Spaßig ist es, wenn man Zeitungspapier
oder Teppichquadrate als „Seerosenblätter"
auslegt. Oder man malt ein Stück alte
Tapete blau an und legt sie mit kleinen,
flachen Hindernissen aus.

Mückenschnappen

Anstelle der Mücken hängt man kleine Brezeln oder – noch schwieriger – Gummibärchen an eine Schnur, die niedrig im Raum
gespannt ist. Die Kinder hocken knieend
auf dem Boden und müssen nun wie Frösche springen, um sich eine „Mücke" zu
schnappen.
Oder ein Mitspieler hat eine „Mücke" an
einer Schnur. Auf Kommando schnappt der
eine und der andere zieht weg. Natürlich
wird immer wieder abgewechselt.

Froschgedichte zum Ergänzen

Zwei Frösche sagten sich „Gut' Nacht".
Da hat es leis quak quak ge _____.

Ein Frosch, der ruhig am Teichrand saß,
war gar nicht trocken, sondern _____.

Ein Frosch, der eine Mücke fing,
beschwert' sich: Ist das zäh, das _____.

Ein Frosch, der vor dem Storche floh,
war schneller noch als jeder _____.

Froschlied erfinden

Alle erfinden zusammen ein Froschlied auf
eine bekannte Melodie, z. B. „Fuchs, du
hast die Gans gestohlen":

Frosch, du hast die Mück' gefressen.
Schmeckt sie dir denn gut?
Schmeckt sie dir denn gut?
Möchtest du noch eine haben?
Dann sei auf der Hut!
Möchtest du noch eine haben?
Dann sei auf der Hut!

Oder:

Frosch, du sitzt so ruhig im Wasser.
Hast du keine Angst,
hast du keine Angst,
daß dich mal ein Storchenschnabel
aus dem Wasser fischt,
daß dich mal ein Storchenschnabel
aus dem Wasser fischt?
usw.

„Uns macht das Lieder erfinden immer besonders viel Spaß, sicher erfindet auch ihr
ganz schnell weitere Strophen und Melo-
dien!" sagt Trops mit leuchtenden Augen.

Froschwörter

Findet so viele Wortverbindungen mit
„Frosch" wie möglich. Alle rufen ihre
Froschwörter durcheinander. Oder macht
ein kleines Wettspiel: Auf ein Kommando
schreiben alle möglichst viele Froschwörter
auf, z. B. Froschkönig, Froschteich, Frosch-
schenkel … Wer hat beim Schlußpfiff am
meisten?

und ich fang euch doch …!

Mückenfangen

Pro Kind wird eine große Holzperle
(= Mücke), an die ein dicker, fester Wollfaden von ca. 60/70 cm Länge geknotet ist,
bereitgestellt.
Alle Kinder (Mücken) sitzen um den Tisch
und legen ihre Perle in die Mitte. Ein Erwachsener oder ein größeres Kind (Frosch)
nimmt einen Becher (unzerbrechlich und
nicht aus Metall!), am besten einen Würfel-
becher, in die Hand und versucht, eine
Mücke oder mehrere zu fangen. Der Frosch
kreist mit dem Becher über den Mücken
und spricht dazu: „Und ich fang euch
doch!" Bei „doch" läßt er den Becher blitz-
schnell auf die Mücken sausen, die gleich-

zeitig versuchen, die Perle zurückzuziehen.
Falls eine Mücke zu früh zurückzieht, kann
sie disqualifiziert werden (oder man startet
von vorne).
Vorsicht: Die Holzperlen können auf die
Hände der Kinder schlagen. Der Becher
kann die Finger der Kinder treffen.

Frosch-Auszählvers

Schönen guten Tag.
Ein Frosch macht immer „quak".
„Quak" macht er den ganzen Tag,
bis er nicht mehr quaken mag.
Auf wen der Finger bei „mag" zeigt, der
scheidet aus. Dann wird wieder durchgezählt und wieder, bis feststeht, wer anfängt.

Leckere Teichspezialitäten

Zu einem richtigen Fröschefest gehören natürlich auch noch ein paar leckere Fröschespeisen. Die folgenden Rezepte sind einfach zuzubereiten. Besonders lustig sind die Dekorationen, und die machen unheimlich viel Spaß. Vielleicht habt ihr dazu noch neue Ideen, der Fantasie sind keine Grenzen gesetzt. Wichtig ist nur, daß es Spaß macht und vor allem natürlich, daß es hinterher richtig gut schmeckt.

Gebackener Frosch

150 Gramm Quark, 50 Gramm Zucker, 6 Eßlöffel Keimöl und 6 Eßlöffel Milch verrührt ihr gründlich. 300 Gramm Mehl vermischt ihr mit einem Päckchen Backpulver. Die Hälfte des Gemischs rührt ihr unter die Quarkmasse, die andere Hälfte knetet ihr unter. Diesen Teig rollt ihr nun mit einem Nudelholz aus und stecht eine runde Form aus. Ihr könnt dazu z. B. ein großes Glas verwenden. Nun kommt eine etwas knifflige Arbeit: Aus den Teigkreisen werden nun drei Teilchen geschnitten (siehe Skizze), so daß ein Frosch vor uns sitzt, dem allerdings noch die Augen fehlen. Aus dem restlichen Teig formt ihr deshalb kleine Kügelchen, die ihr platt drückt und von denen ihr immer zwei den Fröschen als Glubschaugen verpaßt. In die Mitte setzt ihr jeweils eine Haselnuß. Wenn ihr wollt, kann der Frosch auch noch ein breites Maul erhalten: einritzen oder kleine Liebesperlen eindrücken. Die Frösche legt ihr nun auf ein gefettetes Backblech und backt sie bei 180° goldbraun. Quak!

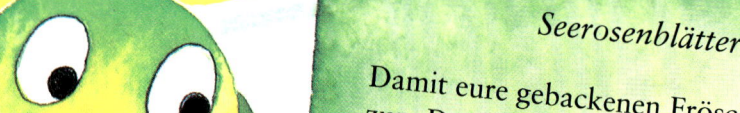

Seerosenblätter

Damit eure gebackenen Frösche auch was zum Draufsitzen haben, könnt ihr ihnen aus dem gleichen Teig wie oben Seerosenblätter backen. Den Teig wieder ausrollen und mit einem Messer schöne große Seerosenblätter ausschneiden. Nach dem Backen dann mit Lebensmittelfarbe grün anmalen.

Qua(r)k-Nockerln im Kirschteich

Dieses Qua(r)k-Rezept ist zwar nicht sehr schwierig, aber ein Erwachsener sollte schon dabei sein.

Wir rühren 500 Gramm Quark (20 % Fett) mit 3 Eiern cremig und geben nach und nach 100 Gramm Mehl, 120 Gramm Grieß und eine Prise Salz dazu. Nun lassen wir die Masse 30 Minuten quellen. Dann bringen wir in einem großen Topf reichlich Salzwasser zum Kochen. Mit einem Teelöffel stechen wir vom Teig ein Probenockerl ab und kochen es. Nun sieht man, ob der Teig vielleicht zu weich ist und das Nockerl zerfällt. Wenn dies so ist, noch etwas Grieß zum Teig geben! Nun stechen wir mit einem nassen Eßlöffel Nockerln ab, lassen sie vorsichtig (!) in das kochende Wasser gleiten und bei schwacher Hitze etwa 12 Minuten ziehen. Sobald sie an der Oberfläche schwimmen, heben wir die Nockerln mit einem Schaumlöffel (wieder vorsichtig!) aus dem Wasser. Wer Lust hat, kann 50 Gramm Butter oder Margarine braten und die Nockerln darin schwenken. Für den „Teich" brauchen wir ein Glas Schattenmorellen. Die Kirschen geben wir in einen Topf und zerkleinern sie mit dem Pürierstab fast vollständig. Vom Kirschsaft nehmen wir 3 Eßlöffel ab und rühren sie mit 25 Gramm Speisestärke an. Nun bringen wir die Kirschen zum Kochen und lassen die angerührte Stärke unter Rühren einfließen. Etwa 2 Minuten sollte das Ganze durchkochen. Zum Schluß schmecken wir die Soße mit wenig Zucker ab, servieren sie heiß zu den Nockerln und schmücken unseren Teich noch mit gehackten Pistazien und Melisseblättchen.

Wackelpeter-Teich

Mit grünem Wackelpudding kann man herrlich kleine Teiche anlegen. Der Pudding wird nach Anweisung auf der Packung angerührt. Nachdem er steif ist, kann man mit Schokoladenfiguren, Früchten und Minzeblättchen den Teich „gestalten" oder vor dem Eingießen der Masse auf den Teichgrund „Fischchen", „Pflanzen" und „Steine" legen.

Wir basteln einen Storchenschnabel

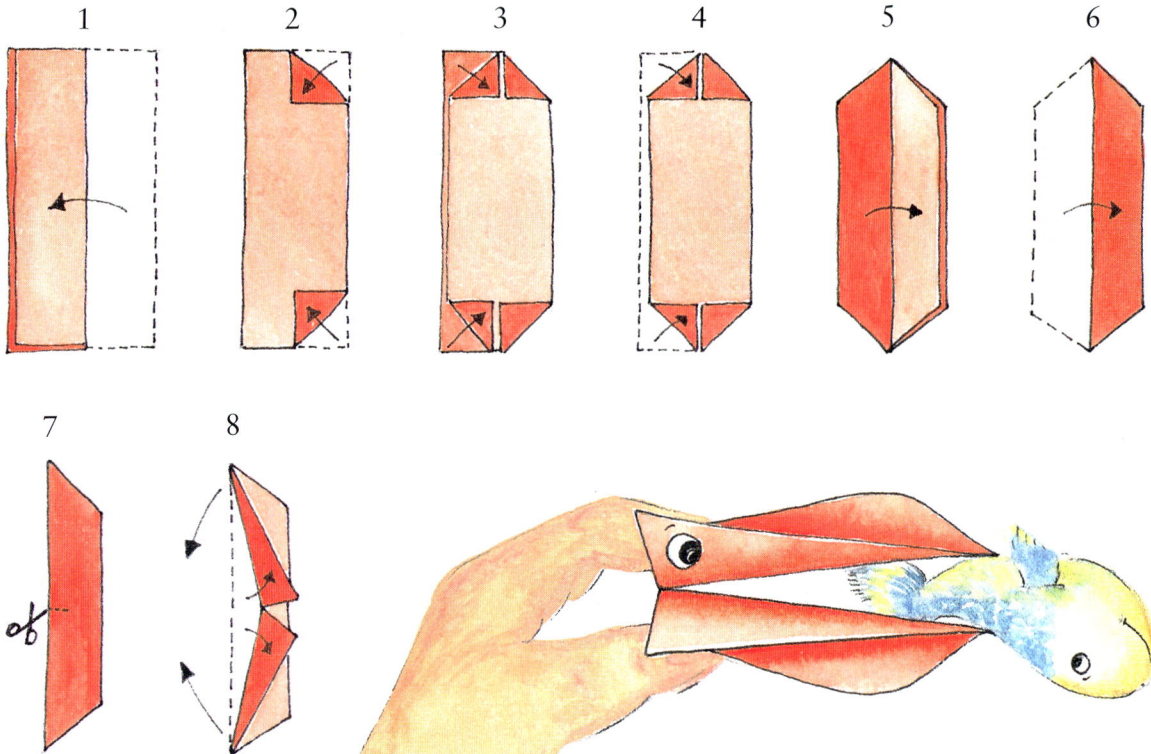

Ein rechteckiges Blatt rotes Papier (nicht dünner als Tonpapier) der Länge nach falten. Die Ecken einknicken.
Achtung: An der offenen Seite müssen die Ecken nach vorne und nach hinten geknickt werden.
Die offene Seite zur Hälfte nach vorne und nach hinten knicken. Bis zur Papiermitte einschneiden, weit umschlagen, vorsichtig die Spitzen aufeinander zu bewegen und – schnappen! Das Papier darf auf keinen Fall zu dünn sein, sonst wird der Schnabel labbrig.
Ganz normal ist es aber, daß der Schnabel nicht vollständig schließt.
Übrigens: mit einem aufgemalten Auge sieht der Schnabel noch echter aus.

Froschteich malen

Alle Kinder bekommen ein recht großes Stück Papier und Farben. Dies können Buntstifte, Wachsmalstifte oder auch Wasserfarben sein. Die Kinder besprechen, was zu einem Froschteich dazugehört und malen ihn nun mit Seerosen, Wasserpflanzen, Fröschen, vielleicht auch einem Storch.
Oder: Jedes Kind malt etwas anderes, z. B. Wasserpflanzen verschiedener Art, Frosch, Fisch... Wenn die Bilder getrocknet sind, ausschneiden und gemeinsam auf ein großes Zeichenblatt, das blau angemalt wurde, kleben. Fertig ist der Froschteich.
Oder nehmt die Rückseite einer Tapetenrolle und gestaltet einen Teich darauf.

Froschschnappen

Mit dem Storchenschnabel kann man nun
Frösche (Gummibärchen o. ä.) vom Tisch
picken. Das funktioniert, obwohl der
Schnabel vorne immer ein wenig offen
steht. Man muß nur Geduld, Ruhe und
Ausdauer haben. Wer schafft in einer halben Minute oder in einem längeren, vorher
vereinbarten Zeitraum die meisten? Noch
schwieriger wird es, wenn ein Erwachsener
oder ein Kind die „Frösche" hochwirft, so
daß sie in der Luft gefangen werden müssen. Da kann es sein, daß ihr mit mehr
Spaß als Erfolg bei der „Arbeit" seid.
Hinterher kann es ja zur Belohnung für
jeden Storch ein Fröschlein geben.

Wo ist das Seerosenblatt?

Auf Karton zeichnen wir die Form eines
Froschfußes. Ihr wißt nicht, wie das geht?
Dann schaut euch doch mal so einen
Frosch genauer an. Im Tierlexikon oder in
einem schönen Bilderbuch. Dann malen wir
ihn grün an und schneiden ihn aus. Wir befestigen (binden oder kleben) ihn an einem
kurzen Stock oder Kochlöffel.
Nun werden einem Kind die Augen verbunden und es muß kriechend versuchen,
mit dem Froschfuß sein Seerosenblatt zu
ertasten. Das Seerosenblatt kann ein Topf-
deckel oder ein umgedrehter unzerbrech-
licherTeller sein, unter dem sich irgendeine
kleine Überraschung für das Kind befindet.

Experimente mit Wasser

„Viele Tiere leben im Wasser oder am Wasser, nicht nur Frösche. Da gibt es Wasserflöhe, Fische, Enten, Störche und viele mehr. Für diese Tiere ist das Wasser Wohnung und Futterplatz zugleich. Die Menschen sollten deshalb mit Wasser sehr sorgfältig umgehen", sagt Trips, nachdem sie sich von den Froschfest-Spielen erholt hat.

„Aber man darf natürlich schon mal mit Wasser experimentieren", ruft Trops dazwischen. „Oja, Experimentieren macht riesig Spaß", freuen sich Andi und Lena.

Hat Wasser eine Haut?

Man füllt ein sauberes Glas randvoll mit Wasser. Paßt nun noch etwas rein, ohne daß das Wasser überläuft? Man kann es zum Beispiel mit Münzen versuchen. Eine Münze, zwei Münzen… Erstaunlich, was da noch Platz hat!
Daraus kann man natürlich auch ein Wettspiel machen. Wer kann in ein volles Glas die meisten Münzen werfen? Bei wem läuft das Wasser zuerst über? Je voller das Glas wird, umso vorsichtiger muß man beim Reinwerfen sein.
Und wenn man genau hinschaut, kann man sogar die Haut des Wassers sehen.

Wie lange hält die Wasserhaut?

Daß leichte Dinge, wie Papierschiffchen, Plastikteile, Holzstückchen usw. auf dem Wasser schwimmen, wißt ihr ja. Aber auch schwerere Dinge müssen nicht unbedingt untergehen. Das könnt ihr feststellen, wenn ihr sie ganz, ganz vorsichtig auf die Wasseroberfläche legt. Probiert mal aus, was man auf ein schwimmendes Holz oder auf einen schwimmenden Plastikdeckel noch alles legen kann, z.B. Bauklötze, kleines Spielzeug, Knöpfe und vieles mehr.
Was aber passiert, wenn Spülmittel im Wasser ist? Probiert es aus!

Es spukt

Ein Glas, das mit Erbsen gut gefüllt ist, stellt man auf einen Blechdeckel. Nun gießt man Wasser in das Glas. Nach einer Weile beginnen die Erbsen zu quellen, so daß sie im Glas keinen Platz mehr haben. Unter lautem Geklapper fallen nun stundenlang (eventuell Wasser nachfüllen!) Erbsen auf den Blechdeckel. Besonders witzig ist das Ganze, wenn man das Glas versteckt.

Das Wasser steigt

In eine ca. 4–5 cm hohe Schale wird mit Kerzenwachs oder wasserfestem Klebstoff eine ca 6–7 cm hohe Kerze geklebt. Dann füllt man die Schale bis etwa zur halben Kerzenhöhe mit gefärbtem Wasser. Nun zündet man die Kerze an und stülpt ein hohes Glas vorsichtig darüber. Nach einiger Zeit erlischt die Kerze – und was passiert mit dem Wasser?

Geheimnisvolles Pulver

In der Apotheke besorgt man sich Zitronensäure und Natronpulver. Man nimmt von jedem die gleiche Menge, verrührt die Mischung trocken und gibt etwas Tinte dazu. Nun sticht man in ein kleines Plastikgefäß (z.B. eine alte Filmrolle) ein paar Löcher, legt zum Beschweren kleine Glasmurmeln hinein, füllt die Mischung ein und stellt das Gefäß in ein großes Wasserglas. Warte ab, was passiert, wenn Wasser in das Gefäß dringt.

Löwenzahn im Wasser

Was passiert, wenn man den Stengel einer Löwenzahnblüte unten ein paarmal leicht einreißt und ins Wasser stellt, oder wenn man Stengelteile von zwei Seiten einreißt und ins Wasser legt?

Kressebilder

Eine der am schnellsten wachsenden eßbaren Pflanzen ist Kresse. Kresse braucht nicht einmal Erde zum Wachsen. Es reicht z.B., wenn du ein Blatt Papier von der Haushaltsrolle oder Watte auf einen flachen Teller legst, befeuchtest und darauf Kressesamen verteilst.
Besonders witzig ist es, wenn du dir ein Muster ausdenkst, z.B ein Gesicht oder ein Haus. Nun immer feucht (nicht naß!) halten, dann hast du in wenigen Tagen deine eigene Kresse.

Bohnenzucht

Steck eine Bohne in einen kleinen Blumentopf mit Erde und halte die Erde immer feucht. So kannst du wunderbar das Keimen und Wachsen beobachten.
Man kann damit natürlich auch experimentieren. Was passiert mit der Bohne, wenn man sie in Wasser legt, den Blumentopf mit der Bohne an einen sonnigen Platz, an einen schattigen Platz, in den Kühlschrank oder auf den Heizkörper stellt?

Blumen färben

Stell Margeriten oder Tulpen in ein Glas mit gefärbtem Wasser (dunkle Wasserfarben). Man muß sie aber, kurz bevor man sie ins Wasser stellt, unten noch mal anschneiden. Was passiert? Holt sich die Blume das bunte Wasser?

Bild-Rätsel

Andi möchte mit dem Gartenschlauch die Pflanzen besprengen. Lena steht am Wasserhahn, um das Wasser aufzudrehen. Doch oje, drei Schläuche haben sich verheddert. Welchen Wasserhahn muß Andi aufdrehen?

Wasser und kunterbunte Farben

„Mit Wasser und Farben kann man wunderschöne Bilder malen. Mir macht es immer besonders viel Freude, auf einem Wasserfarbenglas zu sitzen und zuzuschauen, welche Meisterwerke Kinder malen können. Da gibt es die tollsten Techniken. Holt schnell eure Farben, viel Papier und Wasser, und dann kann's losgehen. Ich setze mich wieder auf das Wasserglas und gebe euch Tips, seid ihr einverstanden?" Trips hüpft ganz aufgeregt auf dem Tisch herum und freut sich auf die schillernden Farben.

Spritztechnik

Man legt eine Kartonschablone (z.B. Kreis, Dreieck, Quadrat, Fantasieformen, Herz, Baum usw.) oder z.B. auch gepreßte Blumen, Blätter und Gräser auf ein Blatt Papier im DIN-A5-Format. Dann taucht man eine alte Zahnbürste vorsichtig in Wasserfarbe und spritzt die Farbe mit Hilfe eines Spritzsiebes (z. B. altes Teesieb) über das Papier. Dabei ist wichtig, daß man bei der Verwendung mehrerer Farben immer mit der hellsten beginnt. Wenn man zwischendrin die Schablone entfernt, erscheint diese Fläche weiß. Wenn man mit der nächsten Farbe spritzt, ist auch diese Fläche gefärbt, an den bereits gefärbten Stellen mischen sich die Farben. Achtung: Mit alten Zeitungen, Schürzen oder Hemden Vorsorge treffen, damit weder Kleidung noch Möbel bespritzt werden!

Fadentechnik

Zunächst braucht man mindestens zwei Blätter Papier, am besten in DIN-A6-Größe (DIN A4 falten und nochmal falten, dann an den Knicken sauber schneiden). Jetzt tupft man einen Wollfaden mit einem nassen Pinsel in einen beliebigen Farbtopf mit Wasserfarben ein und läßt ihn gut voll Farbe ziehen, er darf aber nicht zu naß sein. Achtung: Etwa fünf Zentimeter ungefärbt lassen! Nun läßt man den Wollfaden in Windungen auf das Papier fallen. Das trockene Fadenstück läßt man überstehen. Das zweite Blatt Papier wird auf das erste gelegt, dann werden beide Papiere mit dem Faden dazwischen in ein dickes Buch (z.B. Katalog, Telefonbuch) gelegt. Nun wird der Wollfaden am überstehenden Stück herausgezogen, dabei muß man mit der anderen Hand Druck auf das Buch ausüben. Es entstehen fantastische Muster. Man kann natürlich auch mit mehreren Fäden und mehreren Farben arbeiten. Das gibt zum Beispiel schöne Motive für Glückwunschkarten.

Klappbilder

Wir knicken ein Blatt Zeichenpapier in der Mitte, schlagen es wieder auf und tupfen in den Knick verschiedene Farben. Dann knicken wir das Blatt erneut, streichen über das Papier und entfalten es. Es ist ein schönes buntes Klecksbild entstanden.

Malen mit Aquarellfarben

„Naß in naß" ist eine Möglichkeit, mit Aquarellfarben auch ohne große Vorkenntnisse schöne Ergebnisse zu erzielen. Man zieht dazu ein Blatt Aquarellpapier oder normales Zeichenpapier so durch Wasser, daß es vollständig naß ist. Dann legt man es auf eine Unterlage (z. B. Karton) und streicht das Wasser ab. Auf das nasse Papier, das auf der Unterlage haftet, kann man nun mit Aquarell- oder Wasserfarben ein Bild malen. Durch das Verlaufen der Farbe im nassen Untergrund und die große Leuchtkraft der Farben wird das Ergebnis immer sehr schön.
Wenn man mit den Grundfarben Gelb-Rot-Blau arbeitet, können zufällig Mischtöne wie Orange und Grün entstehen.

27

Spaß mit Luftballons

„Wenn's draußen so richtig schmuddelig ist, kann man natürlich mit bunten Luftballons viel Farbe ins Zimmer bringen. Außerdem lassen sich mit diesen luftig leichten ‚Bällen' auch herrliche Spiele machen. Wir rutschen zum Beispiel wahnsinnig gerne an aufgeblasenen Luftballons herunter. Habt ihr welche da, dann schnell herbeigeholt zum lustigen Luftballon-Spaß!" rufen Trips und Trops schon voller Vorfreude.

Ballontreiben

Man braucht einen Behälter, z. B. Papierkorb, Karton oder eine Kiste, außerdem einen gut aufgeblasenen Ballon und ein Stöckchen oder einen Kochlöffel. Nun muß man versuchen, mit dem Stöckchen oder Kochlöffel den Ballon durch das Zimmer in den Behälter zu treiben. Streng verboten ist es, den Ballon mit den Händen oder Füßen zu berühren.

Man kann auch zwei Mannschaften bilden. Jedes Kind erhält einen Luftballon, jede Mannschaft hat einen eigenen Kochlöffel und Behälter. Auf das Startsignal hin treibt das erste Kind jeder Mannschaft seinen Ballon der Kiste zu. Wenn der Ballon drinnen ist, läuft es zurück und übergibt dem nächsten Spieler seiner Mannschaft das Schlagstöckchen. Sieger ist natürlich die Mannschaft, die zuerst alle Ballons in der Kiste hat.

Luftballon bleib in der Luft

Dieses Spiel kann man wunderbar zu zweit spielen. Ein prall gefüllter Luftballon wird mit beiden Händen zum Gegenspieler geschlagen. Der muß ihn nun in der Luft (!) annehmen und wieder zurückschlagen (nicht fangen!). Wer den Ballon auf den Boden kommen läßt, erhält einen Minuspunkt. Am besten macht man zu Beginn schon aus, bis zu wie vielen Minuspunkten ein Spiel dauert. Man kann z. B. auch vereinbaren, daß nur eine Hand oder sogar nur die linke (bei Rechtshändern) oder die rechte (bei Linkshändern) benutzt wird. Wenn man zu dritt ist, kann sich einer in die Mitte stellen und versuchen, den Luftballon aufzufangen. Fängt er ihn, muß der Werfer in die Mitte.

Noch schwieriger wird es, wenn man mit zwei Ballons spielt. Da muß sich jeder ganz toll konzentrieren.

Ballon über die Schnur

Ein ähnliches Spiel wie das vorhergehende, aber ein Mannschaftsspiel, d. h. es sollten schon einige Kinder mitspielen. Im Zimmer wird eine Schnur gerade so hoch gespannt, daß die Kinder noch drunter stehen können. Die Mannschaften setzen (!) sich auf beiden Seiten der Schnur zu Boden.

Mit der Faust und im Sitzen wird nun der Luftballon über die Schnur zum Gegner geschlagen. Auch hier gibt es Minuspunkte für jeden Luftballon, der den Boden berührt.

Wer als erster zum Beispiel 10 Minuspunkte erreicht hat, ist Verlierer. Nun kommt das Rückspiel. Oder man einigt sich auf eine bestimmte Spielzeit. Dann ist natürlich die Mannschaft mit den wenigeren Minuspunkten die siegreiche. Recht günstig ist es, wenn ein Schiedsrichter die Minuspunkte mitzählt.

Fang dir einen!

Zu Beginn des Spieles erhalten alle Mitspieler einen aufgeblasenen Luftballon. Ein Spielleiter bedient einen Kassettenrecorder oder das Radio. Mit dem Beginn der Musik müssen alle Luftballons in die Luft geschlagen werden und durch kleine Stöße auch oben gehalten werden. Der Spielleiter entfernt nun einen Ballon. Völlig unverhofft schaltet er die Musik aus und jedes Kind muß sich einen Luftballon greifen. Wer keinen Ballon fängt, scheidet aus. Nun geht es weiter wie zu Beginn. Der Spielleiter schaltet die Musik an und alle Luftballons werden nach oben geschlagen. Diesmal entfernt das ausgeschiedene Kind einen Ballon; die Musik endet plötzlich... So geht es weiter, bis zum Schluß nur noch zwei Mitspieler um einen Ballon tänzeln. Wer wird ihn wohl erhaschen? Das Spiel läßt sich wieder und wieder spielen.

Luftballontanz

Jeweils zwei Kinder klemmen sich einen Luftballon zwischen die Köpfe. Dann wird Musik eingeschaltet und je nach Rhythmus langsam oder schnell dazu getanzt. Welches Paar schafft es am längsten, den Luftballon nicht zu verlieren?

Drumherum

Ein Spiel wie oben, nur noch schwieriger. Wieder stehen die Kinder paarweise beisammen, wieder klemmen sie sich einen Ballon zwischen die Köpfe. Aber diesmal muß der eine Spieler um den anderen Spieler herumgehen, wobei der Ballon zwischen den Köpfen mitgerollt wird. Nach einer Runde, während der der andere Spieler so gut wie möglich mitgeholfen hat (ohne die Hände zu verwenden, natürlich!), ist er selbst an der Reihe. Welches Paar schafft die meisten Runden?

Luftballon, saus ab!

Ganz lustig ist es manchmal, Luftballons aufzublasen und sie dann einfach loszulassen. Manchmal sausen sie so ab, daß man Mühe hat, sie wiederzufinden. Je mehr Luftballons man gleichzeitig starten läßt, desto toller geht es im Zimmer ab.

Aufblasspiele

Selbst aus dem Aufblasen der Luftballons kann man Spiele machen:

Wer bringt mit fünf Atemzügen den größten Ballon zustande?

Wer kann auf einem Bein hüpfen und gleichzeitig einen Ballon aufblasen?

Wer bringt seinen Luftballon durch Aufblasen als erster zum Zerplatzen – ohne Fingernagel, Stecknadel oder ähnliches?

Bild-Rätsel

„Beim Luftballonwettbewerb haben sich
die Schnüre verheddert. Welcher Ballon
gehört Lena, welcher Andi?"

Luftballons pusten

Zwei Gruppen versuchen, Luftballons in Schachteln zu pusten, und zwar so: Gruppe 1 bekommt drei rote und einen gelben, Gruppe 2 drei blaue und einen gelben Luftballon. Drei Schachteln werden bereitgestellt. Jede Gruppe hat nun die Aufgabe, ihre Ballons in die eigene Schachtel zu pusten. Wenn es einer Gruppe gelingt, der Gegenmannschaft einen gelben Ballon in die Schachtel zu pusten, wird dieser ein Punkt abgezogen. Wenn die gelben Ballons in der dritten Schachtel landen, schaden sie niemandem. Wenn alle Ballons in Schachteln sind, endet das Spiel. Sieger ist die Gruppe mit den meisten Punkten.

Luftballon-Schlange

Alle Kinder gehen hintereinander. Zwischen Rücken und Brust halten sie jeweils einen Luftballon. Nun muß sich die Schlange so vorsichtig vorwärtsbewegen, daß die Ballons halten. Wenn doch ein Ballon herunterfällt, müssen alle Glieder der Schlange neu verbunden werden.

Luftballon raten

Zunächst bläst jedes Kind drei Ballons auf. Dann setzen sich alle im Kreis auf den Boden, die Ballons kommen alle in die Kreismitte. Nun geht eines der Kinder vor die Tür. Die anderen einigen sich schnell auf einen bestimmten Ballon. Das Kind wird wieder hereingerufen und darf so lange Ballons sammeln, bis es den vereinbarten wählt. Es erhält so viele Punkte, wie es Ballons gesammelt hat. Alle Ballons werden wieder in die Mitte gelegt. Nun geht das nächste Kind nach draußen. Wer nach einem oder mehreren Durchgängen die meisten Punkte erreicht hat, ist Sieger.

Ballonstaffel

Die Spieler stehen in zwei Gruppen hintereinander. Die ersten Spieler jeder Gruppe bekommen je einen Luftballon. Auf das Startzeichen hin blasen sie den Ballon schnell auf, verknoten ihn und geben ihn dann nach hinten an die nächsten Spieler weiter. Über den Köpfen wandern die Ballons bis zum letzten Spieler. Der rennt nun mit dem Ballon ganz nach vorne und gibt ihn wieder nach hinten. Sieger ist die Gruppe, die zuerst fertig ist. Man kann den Ballon auch durch die gegrätschten Beine nach hinten durchgeben.

Luftballonhimmel

Alle halten ein großes Tuch rundherum fest. Auf dem Tuch liegen ein paar gut gefüllte Luftballons. Wenn das Tuch zu ruhiger Musik gemeinsam in Bewegung gebracht wird, schweben die Luftballons (= Planeten) auf dem Tuch (= Himmel). Aufpassen, daß kein Planet vom Himmel fällt!

Werf-Tuch – Fang-Tuch

Zwei Kinder halten zusammen ein Tuch, werfen einen gut gefüllten Luftballon damit hoch und versuchen, ihn mit dem Tuch auch wieder aufzufangen. Eine andere Möglichkeit: Zwei Paare spielen sich den Ballon mit Tuch gegenseitig zu und versuchen auch, ihn mit Tuch wieder zu fangen. Wenn man dieses Spiel mit mehreren Ballons spielt, wird es noch aufregender.

Ballonköpfen

Die Spieler stellen sich am Zimmerende auf und versuchen auf ein Startzeichen, einen Luftballon bis zum vereinbarten Ziel durch das Zimmer zu köpfen. Hände sind als Hilfsmittel nicht erlaubt. Wer den Ballon verliert, muß vom Start an neu beginnen.

Klemmballon

Hinter der Startlinie klemmen sich mindestens zwei Kinder einen aufgeblasenen Luftballon zwischen die Knie. Auf das Startzeichen versuchen sie nun, mit dem Ballon zwischen den Knien zum Ziel zu hüpfen. Geht der Ballon unterwegs verloren, darf er nur mit den Knien wieder aufgenommen werden. Oder man vereinbart, daß von vorne begonnen werden muß. Wer schafft es als erster – ohne die Hände zu Hilfe zu nehmen?

Die zerplatzte Erdbeere

Rudi kommt von der Schule.
Sie haben heute Schreiben und Lesen und
Rechnen gehabt. Und im Schulbus
hat er stehen müssen.
Jetzt ist er müde und hungrig. Ein bißchen
müde und ganz arg hungrig.
Mal sehen, was im Kühlschrank ist.

Mit seinem Schlüssel öffnet er die
Wohnungstür.
Nanu, nicht abgesperrt!
Hat Mama das heute vergessen?
Er stellt die Schultasche ab.
Da steht Mama vor ihm.
„Was machst d u denn hier?"
fragt er erstaunt. „Mußt du heute nicht
arbeiten?"
„Carolin ist krank. Wir mußten zum Kin-
derarzt", sagt Mama.
„Was hat sie denn?" fragt Rudi
und zieht seine Mütze aus.
„Fieber!" sagt Mama. „Hohes! Sie haben
ihr sogar Blut abgenommen."
„Hat sie geschrien?" fragt Rudi und zieht
die Jacke aus.
„Nein, sie war tapfer", sagt Mama stolz.
Rudi ist nie tapfer beim Kinderarzt.
Rudi schreit, wenn er gepiekst wird.
Obwohl Rudi ein Schulkind ist, und Caro-
lin erst ein Kindergartenkind.

„Wo ist sie?" fragt Rudi und zieht die
Hausschuhe an.
„In ihrem Zimmer", sagt Mama. „Sie freut
sich schon auf dich."
Rudi rennt in Carolins Zimmer.

Da sitzt sie auf dem Boden und hält eine
Riesenerdbeere im Arm.
So große Erdbeeren gibt es gar nicht.
Die Erdbeere ist ein Luftballon.
Ein Erdbeerenluftballon. Rot mit grünen
Tupfen und Blättern.
Rudi hat so was noch nie gesehen.
Rudi mag Luftballons, und Rudi mag
Erdbeeren.
Er hat sogar einen Stift, der nach Erdbeeren
riecht.
Rudi fragt: „Woher hast du den Luft-
ballon?"
Carolin sagt: „Vom Doktor. Weil ich so
tapfer war."
Rudi sagt: „Gib her."
Carolin sagt: „Nein."
Rudi bettelt: „Ich will ihn nur kurz haben."
Carolin sagt: „Nein. Der gehört mir."
Rudi schreit: „Blöde Kuh! Du kriegst ihn
ja wieder."
Carolin hält die Erdbeere mit beiden Hän-
den fest und brüllt: „Nein! Nein! Nein!"
Da geht Rudi langsam auf sie zu.
Plötzlich bleibt er stehen und tritt
gegen die Erdbeere.

Es tut einen Knall.
Die schöne Luftballonerdbeere
ist zerplatzt.
In lauter rotgrüne Teile.
Carolin weint und schreit und tobt.
Mama kommt ins Zimmer gerannt.
Sie fragt: „Was ist passiert?"
Carolin schluchzt: „Rudi hat meine Erd-
beere kaputtgemacht."

Carolin!
Carolin!

Mama schimpft: „Schäm dich. So ein großer Junge und so ein kleines Mädchen!"
Rudi schaut böse und sagt gar nichts.
Mama nimmt Carolin in den Arm und tröstet sie.
Rudi rennt in sein Zimmer. Er ärgert sich.
Immer ist er der Böse und Carolin die Gute.
Eine Wut hat er! Auf Carolin, auf Mama und auf sich.
Alles wegen der blöden Erdbeere! Noch nicht mal gegessen hat er.
Er kramt in seinen Schubladen.
Nichts zu essen.
Aber eine Tüte mit Luftballons.
Wütend bläst er sie alle auf.
Grüne und blaue und gelbe und weiße und lilane und rote.
Manche sind rund, und manche sind länglich.
Das Zimmer ist voller Luftballons.
Plötzlich hat er eine Idee.
Er holt Farben und Pinsel.
Er malt auf den runden, roten Luftballon grüne Tupfen und grüne Blätter.
Jetzt hat er seine eigene Erdbeere.
Schön sieht sie aus.
Er wartet, bis die Farben trocken sind.
Dann malt er weiter.
Grüne Tupfen und grüne Blätter auf alle roten Luftballons.
Das ganze Zimmer voller Erdbeeren!
Toll sieht das aus.
Er schreit ganz laut: „Carolin!"
Die wird sich freuen!

Heidemarie Brosche

Bildergeschichte malen

Zu dieser Geschichte kann man eine Bildergeschichte in sechs Bildern malen. Malt sie doch einmal unabhängig voneinander. Hinterher vergleicht ihr, welche Stationen für euch wichtig sind. Ihr könnt natürlich die Bildergeschichte, die ihr gezeichnet habt jemandem vorlegen und euch dann die Geschichte erzählen lassen. Da kommen bestimmt interessante Varianten heraus. Außerdem könnt ihr natürlich viele eigene Bildergeschichten erfinden und malen.

Luftballonpuppe

Aus Tonpapier schneiden und bemalen wir einen Kopf mit Ohren und Hut, zwei Hände und zwei Füße. Alles darf witzig aussehen. Dann blasen wir uns einen Luftballon auf und kleben die Körperteile gut an. Auch Stoffreste lassen sich hierzu gut verwerten. Und mit wasserfesten Stiften geht das Anmalen besonders gut. Wenn wir nun noch eine Schnur an dem Hut befestigen, können wir die Puppe wie eine Marionette hüpfen lassen oder irgendwo zur Zierde aufhängen. Lustig ist es, wenn man gleich mehrere von den komischen Gesellen bastelt, vielleicht mit besonders witzigem, gruseligem oder ausgefallenem Aussehen. Dann kann man mit den Figuren gleich ein kleines Theaterstück vorführen. Spieler und Zuschauer wechseln natürlich ab.

Tutti frutti

Ähnlich wie in der Geschichte mit der Erdbeere, blasen wir uns eine Menge Luftballons auf und lassen sie durch Bemalen und Bekleben zu Obst werden, z. B. Erdbeere, Apfel, Banane, Zitrone, Orange etc. Mit Tonpapier kann man noch Blätter oder einen Stiel drankleben.

Gefüllte Ballons

Kleine Dinge wie Reiskörner, bunte Steinchen, zarte Federn, Glitzersterne oder ähnliches kann man vorsichtig in die Ballons stecken und sie dann aufblasen. Wie schön das aussieht! – Und wie viele unterschiedliche Geräusche zu entlocken sind, wenn man die Ballons schüttelt!

Experimente mit Luftballons

Luftballon-Windenergie

Aus Tonpapier schneidest du einen Kreis mit kleinen Schlitzen. Die Ecken biegst du immer nach innen und außen, so daß ein Windrädchen entsteht. Durch die Mitte stichst du eine Nadel. Aus einem Stück Trinkhalm schneidest du drei Beinchen. Durch das obere Ende kannst du jetzt die Nadel stechen, und zwar so, daß sich das Rädchen ganz leicht dreht. Mit Klebstreifen werden nun die drei Beinchen auf dem Ballon befestigt. Und nun aufgepaßt: Unmittelbar unter dem Rädchen ein Loch in den Klebestreifen stechen und – nein, der Ballon platzt nicht, sondern das Rädchen beginnt sich zu drehen.
Führe dieses Experiment deinen Eltern oder anderen Zuschauern vor. Vorher einmal üben, damit die Vorführung auch klappt.

Luftballon mit Anziehungskraft

Du kannst einem Ballon Anziehungskraft (ähnlich wie ein Magnet) verschaffen, indem du ihn reibst, z. B. an einem Wollpullover. Er haftet dann an der Zimmerdecke oder sogar an deinem Kopf. Wenn du aus Seidenpapier (das ist schön leicht) kleine Männchen oder zur Not auch nur Schnipsel schneidest, kannst du zusehen, wie sie zunächst am Ballon haften und nach einer Weile wieder abstürzen.

Schaum aus dem Luftballon

Man steckt einen kurzen Trinkhalm in einen Luftballon und wickelt ein Stück Gummiband fest um das Mundstück. Nun muß man den Ballon aufblasen und das Ende des Halmes so umknicken, daß nur noch wenig Luft durchkommt. Schnell steckt man den Halm in eine kleine, mit Wasser und Spülmittel gefüllte Flasche. Schäumt es?

Flaschenballon

Sicher kennt ihr die kleinen Miniaturschiffe, die man in Flaschen basteln kann. Aber habt ihr schon einmal versucht einen Luftballon in eine Flasche hinein aufzublasen?
Was passiert? – Oder was passiert nicht? Nicht möglich, sagst du? Stimmt! Die Luft in der Flasche kann nämlich nicht raus. Es sei denn, du steckst einen Trinkhalm vorsichtig zwischen Luftballon und Flaschenhals. Nun kann die Luft entweichen. Und du kannst aufblasen.

Lustige Tips für Pfänderspiele

Im Wasser schwimmt....

Ähnlich dem Spiel „Alles, was Federn hat, fliegt" läßt sich „Im Wasser schwimmt..." spielen. Alle sitzen im Kreis. Der Spielführer spricht: „Im Wasser schwimmt ein Fisch." „Im Wasser schwimmt ein Schiff." „Im Wasser schwimmt ein Flugzeug." Zu jedem Satz macht er mit den Händen eine Wellenbewegung. Die anderen Kinder dürfen diese Bewegung nur machen, wenn es sich tatsächlich um etwas handelt, das im Wasser schwimmen kann.
Läßt ein Kind aus Versehen z.B. das Flugzeug schwimmen, muß es ein Pfand abgeben. Vielleicht sammelt ihr vor dem eigentlichen Spiel schon mal miteinander: Was schwimmt denn nun tatsächlich im Wasser? Wenn ihr diese „Vorarbeit" geleistet habt, fällt dem jeweiligen Spielführer leichter etwas ein.

„Ich mag Pfänderspiele unheimlich gerne, weil man immer wieder Fehler macht, auch wenn man sich noch so konzentriert. Da gibt es immer viel zu lachen", schwärmt Trips.
„Ich weiß aber auch, daß es manchmal ganz schön schwierig ist, wenn einem nichts einfällt, was man als Pfand abgeben kann, oder was man anstellen muß, um das Pfand wieder zu bekommen", meint Trops.
„Nee, da haben wir keine Schwierigkeiten, da können wir euch eine ganze Menge Tips geben", lacht Andi und fängt schon mit dem Aufzählen an.

– einen Satz ohne R sagen
– schnell bis 100 zählen
– von 20 ab rückwärts zählen
– das Alphabet aufsagen

Flugzeug

– rücklings auf dem Stuhl sitzend durchs Zimmer reiten
– einen Luftballon 20 Sekunden lang auf der Stirn balancieren
– einen Purzelbaum vorführen

— auf einem Bein hüpfen
— mit dem Mund einen in einer Wasserschüssel schwimenden Apfel fischen
— einen Reim aufsagen, in dem der eigene Vorname als Reimwort vorkommt
— eine Lügengeschichte auftischen

— einen ausgedachten Gast von der Tür abholen, begrüßen und unterhalten
— ein Gedicht aufsagen

— ein Lied singen
— einen Tanz vorführen
— einen Witz erzählen

— sich einen Schnurrbart anmalen lassen
— später aufräumen helfen
— einen Zungenbrecher sagen, ohne sich zu versprechen

Mögliche Pfänder

Haarspange, Kamm, Ohrring, Kette, Armreif, Ring, Mütze, Halstuch, Schuhe, Handschuhe, Pullover, Spielzeug, alles mögliche, was man in der Hand- oder Hosentasche hat. Man kann aber auch Spielfiguren, Papiere mit den jeweiligen Namen darauf, Postkarten, Stifte usw. vorher verteilen.

Pfänder einlösen

Vor dem Einlösen der Pfänder können alle ihre Vorschläge auf einen Zettel schreiben. Die Zettel werden dann gemischt, und jeder Pfandgeber kann einen Zettel ziehen. Man kann aber natürlich auch manche Aufgaben von zwei oder drei Mitspielern lösen lassen. Die Frage lautet dann: Was soll der Pfandbesitzer gemeinsam mit anderen Leidensgenossen tun?

Andi und Lena müssen etwas verschnaufen: „Ich glaube, ich könnte endlos weitermachen. Seht ihr nun, was man alles machen kann um ein Pfand wieder einzulösen? Da könnt ihr sicher beim nächsten Regentropfenfest auch ein paar Ideen übernehmen." Lena ist ganz außer Puste vom Aufzählen. „Was macht ihr eigentlich, wenn jemand eine Aufgabe nicht übernehmen will oder kann?" fragt Trips neugierig. „Das ist auch nicht so schlimm, dann wird eben eine neue Aufgabe ausgedacht, oder der Mitspieler muß noch ein weiteres Pfand abgeben", erklärt Andi. „So ein Spiel soll ja Spaß machen, da soll niemand zu etwas gezwungen werden."

Bei Seeräubern ist immer was los

„Es ist schon ein paar Jahre her, da haben wir etwas ganz Tolles erlebt. Der Wind hatte uns schon um die halbe Erde getrieben. Wir waren endlich nahe am großen Meer. Auf dem Meer tobte ein mächtiger Sturm, und wir wurden vom Wind direkt auf ein Seeräuberschiff gepeitscht. Zuerst wunderten wir uns über die wilden Gesellen, die da lebten. Sie gingen alles andere als glimpflich miteinander um. Schlägereien waren an der Tagesordnung, und uns wurde richtig unheimlich. Irgendwann war es uns dann klar, wo wir gelandet waren. Wir hatten schreckliche Angst, aber als wir die Seeräuber dann näher kennengelernt haben, da fanden wir es auf dem Schiff ganz lustig. Hier gab es wenigstens immer was zu sehen. Langeweile kam da nie auf. Weißt du noch, was es da für interessante Gegenstände gab, Trips?" Trips schaut ganz verzaubert, als wäre er wieder auf dem Schiff. „Ja, natürlich kann ich mich daran erinnern. Alleine wie die Seeräuberflagge im Wind wehte. Aber am meisten hat mich die Schiffsglocke fasziniert, die gab immer einen herrlich durchdringenden Klang, wenn man sie geschlagen hat. Ich habe auch schon gesehen, wie man so eine Glocke nachbasteln kann", antwortet Trips.

Eine Schiffsglocke für zuhause

Von mitteldicker Wolle schneidet man 5 Fäden ab, die jeweils einen Meter lang sind, und verknotet sie an beiden Enden. Das eine Ende hängt man an eine Türklinke, achtet darauf, daß die Fäden straff sind und schiebt einen Bleistift in das andere Ende der Wollfäden. Hinter dem Bleistift nimmt man den Strang fest in die Hand und dreht nun den Bleistift immer in die gleiche Richtung. Die Fäden müssen gespannt bleiben. Wenn alles fest verdreht ist, nimmt man das „Türklinkenende" in die gleiche Hand wie das „Bleistiftende". Wie durch ein Wunder verdreht sich nun die Kordel ineinander. Man kann mit der freien Hand so an der Kordel herunterstreichen, bis sie glatt ist. Die beiden Kordelenden verknotet man. Dieses verknotete Ende zieht man von

außen nach innen durch das Loch eines Tonblumentopfes von 10 cm Durchmesser. Der Blumentopf muß am Ende der Kordel auf dem Knoten aufsitzen. In der Höhe des Topfrandes wird ein weiterer Knoten gemacht. Wenn man am oberen Ende der Kordel zieht, kann man die Glocke nun schon frei schwingen lassen. Eine Holzperle von 2,5 cm Durchmesser wird auf das herunterhängende Stück Kordel gefädelt, so weit hinaufgeschoben, daß sie gerade in der Glocke verschwindet und durch einen weiteren Knoten befestigt. Damit die Glocke schön malerisch aussieht, kann man sie noch mit Plakafarben bemalen, z. B. mit Motiven aus dem Seeräuberleben. Wenn man will, kann man die Glocke auch noch lackieren.

Wir basteln ein kleines Holzschiff

Obwohl es nicht allzu schwierig ist, dieses Schiff zu basteln, sollte hier ein Erwachsener als Helfer zur Verfügung stehen. Ein 2 cm dickes Brett, am besten aus Kiefernholz, wird entsprechend der Skizze zugesägt. Danach müssen die Kanten zunächst nach oben schräg zulaufend glatt gefeilt und dann noch mit Schmirgelpapier geschmirgelt werden. In die Mitte des Schiffes bohrt man ein etwa 1 cm tiefes Loch, in das man einen runden Holzstab von 30 cm Länge und 5 mm Stärke klebt. An seinem oberen Ende hat man zuvor noch ein Kerbe angebracht. Nun kommt etwas Tolles: Etwa 50 Nägel von 2,5 cm Länge werden im Abstand von 1 cm entlang der Kante rund um das ganze Schiff geschlagen. Sie sollten auch voneinander einen Abstand

von 1 cm haben und gleichmäßig über das Schiff verteilt sein. An der Spitze des Schiffes beginnend, wickelt man nun eine Schnur „im Slalom" um die Nägel. Ist die Spitze wieder erreicht, zieht man die Schnur über den Mast in der Mitte des Schiffes. An der Kerbe kann man sie befestigen. Am mittleren Heck-Nagel wird die Schnur festgeknotet. Nun fehlt nur noch das Segel. Man schneidet es zu (siehe Skizze), bemalt es mit Stoffarben „seeräubermäßig" und klebt es am Mast fest. Nun kann das Schiff in See stechen. Das ist lustig in der Badewanne, und wenn es nicht mehr regnet, kann man es natürlich auch draußen in einem Brunnen, in Bächen oder im Planschbecken (Achtung, daß es kein Loch bekommt!) schwimmen lassen.

Seeräuber-Quartett

Zunächst einmal müßt ihr euch auf eine
bestimmte Kartengröße einigen. Dann
schneidet ihr aus dünnem Karton eine
durch 4 teilbare Anzahl von Karten aus.
Nun teilt ihr euch die Arbeit auf. Jedes
Kind muß mindestens ein Quartett malen,
d. h. jeweils 4 Karten, die irgendwie
zusammenpassen. Das könnten z.B. sein:
4 verschiedene Seeräuberwaffen, 4 verschiedene Seeräuberschiffe, 4 erbeutete
Schmuckstücke usw. Ihr könnt euch ja
zuerst darüber unterhalten, dann fällt euch
bestimmt etwas ein. Und ihr müßt euch
gegenseitig Bescheid sagen, was ihr malt,
damit nichts doppelt vorkommt. Übrigens
ist es gut, wenn die 4 zusammengehörenden
Karten irgendwo oben immer das gleiche
Zeichen haben. Wenn ihr fertig seid, kann's
losgehen, das fröhliche Quartettspielen.

Seeräuber müssen Puste haben

Jedes Kind erhält eine Papiertüte (Papier-
tüten gleicher Größe sammeln, beim Bäcker
o.ä. günstig erwerben oder einfach Butter-
brottüten nehmen).
Es werden zwei Gruppen gebildet, die sich
in je eine Reihe setzen. Jedes Kind setzt sich
nun auf seine noch unaufgeblasene Tüte.
Auf ein Kommando stehen die beiden
Gruppenersten auf, nehmen ihre Tüte,
pusten sie auf und versuchen, sie zum
Platzen zu bringen. Erst wenn es ein Kind
geschafft hat, steht das nächste aus der
Gruppe auf, schnappt sich seine Tüte und
versucht nun auch, die Tüte zum Platzen zu
bringen. Sieger ist die Gruppe, die als erste
fertig ist.

Wir backen ein Seeräuberschiff

Zuerst einmal braucht man einen einfachen
Kastenkuchen (Marmor-, Zitronen-, Scho-
koladen-, Nußkuchen). Wenn er erkaltet
ist, bestreicht man ihn mit Schokoladenglasur und klebt an die Längsseiten des
Kuchens Schokodragees. Das sind die Bull-
augen. Die Seeräubermannschaft besteht
aus Gummibärchen oder ähnlichen eßbaren
Figürchen, die „auf Deck" verteilt werden.
Für die Segel schneidet man zwei Dreiecke
aus weißem Seidenpapier, bemalt sie mit
dem Piratenzeichen und klebt sie jeweils
um einen Schaschlikspieß. Achtung: Ein
paar Zentimeter überstehen lassen, damit
man die Spieße in den Kuchen stecken
kann! Mmmh, das ist lecker!

Verschlüsseltes Schatzversteck

Die Seeräuber haben für Ihren Schatz ein ganz tolles Versteck auf einer Insel gefunden. Damit nicht jeder gleich den Schatz findet, haben sie die Lagebeschreibung verschlüsselt. Kannst du den Text verstehen?

Wenn man mit dem Schiff an der Steilrippe (6 = kl) landet, muß man als nächstes einen runden Keks (1 = F, 3 = l) finden, hinter dem eine Klette (1 = T, 2 = r, 4 = p, 5 = p) versteckt ist. An deren Ende findet man einen Saum (1 = B). Der trägt das Zeichen eines Beiles (1 = Pf). Wenn man dem folgt, kommt man nach hundert Schritten zu einem Rad (1 = Pf). Jetzt braucht man noch zehn Peter (1 = M), um unter einem Bauch (1 = Str) die tolle Rispe (1 = K, 4 = t) zu finden.

Na, alles klar? Ihr könnt natürlich auch eigene Texte erfinden oder lustige Schatzkarten malen und darin einen Schatz verstecken.

Schiffe versenken

Zuerst bastelt man aus dickem Papier kleine Papierschiffchen. Die Hälfte davon sind Piratenschiffe und werden als solche gekennzeichnet, die andere Hälfte sind normale Handelsschiffe. Die Gegner setzen nun jeweils ihr Schiffchen aufs Wasser, das in eine Schüssel oder einen Eimer gefüllt ist. Nun werden abwechselnd kleine Holzperlen oder Pfennigstücke in die Schiffe gelegt. Welches Schiff geht zuerst unter?

Wer ergattert den Schatz?

Man braucht eine Tafel Schokolade, die man in kleine Stücke bricht, einen Würfel, ein Tuch als Seeräuberkopfbedeckung, eine Augenklappe, Arbeitshandschuhe und zwei Gabeln. Die Schokoladestückchen werden verpackt (z.B. in Alufolie oder Butterbrotpapier): zunächst einzeln, dann jeweils vier zu einem Päckchen, dann jeweils zwei Päckchen zu einem großen Päckchen und zum Schluß in ein großes Paket = Schatz. Nun wird reihum gewürfelt. Hat ein Seeräuber eine 6 gewürfelt, muß er zum Tisch eilen, auf dem der Schatz liegt. Er zieht die Augenklappe an, bindet sich das Seeräubertuch um, zieht die Arbeitshandschuhe an, nimmt zwei Gabeln und versucht so, den Schatz zu „öffnen". Hat er ein Schokoladenstückchen ausgepackt, darf er den Schatz verspeisen. Würfelt in der Zwischenzeit ein anderer Seeräuber eine 6, übernimmt dieser die Augenklappe, das Tuch, die Handschuhe und Gabeln und versucht dort weiterzumachen, wo der andere aufhören mußte. Hinweis: Ziemlich viel Hektik und viel Kontrolle nötig, damit niemand schummelt!

Von Kopf bis Fuß

Jedes Kind erhält ein Zeichenblatt und einen Stift. Nun soll von allen ein Seeräuber gezeichnet werden, allerdings auf besondere Art: Zunächst malen alle die Kopfbedeckung. Dann wird ein Teil des Blattes nach hinten geknickt, so daß man nichts vom Gemalten sieht. Alle geben ihr Blatt nun an den rechts sitzenden Nachbarn weiter. Nun malen alle das Gesicht mit Hals, knicken wieder und geben weiter.
Es folgen:
– Brust bis zum Gürtel
Knicken und weitergeben.
– Beine
Knicken und weitergeben.
– Füße

Zum Schluß werden die Werke auseinandergefaltet und gemeinsam begutachtet. Da gibt es bestimmt etwas zu lachen, denn es kommen sehr komische Gestalten dabei heraus.

Seeräuberwürfelspiel

Nach jedem Wurf werden die Würfelaugen addiert und aufgeschrieben. Der Sieger einer Runde erhält ein Streichholz. Aus den gewonnenen Streichhölzern wird ein Haus gebaut.
Nach dem Würfelspiel kann man noch Knobeln spielen. Die Streichhölzer werden zwischen die Finger geklemmt. Wer das längste bzw. kürzeste erwischt, darf sich etwas wünschen.

Seeräuberkartenspiel: Rot fängt

Die gemischten Karten werden ausgeteilt. Jeder Spieler legt sie umgedreht auf ein Häufchen, so daß man nicht sieht, was man hat. Die Karten werden der Reihe nach rausgelegt, bis einer rot hat. Dann muß der nächste alle Karten und die rote nehmen. Wer als erster keine Karten mehr hat, hat gewonnen.

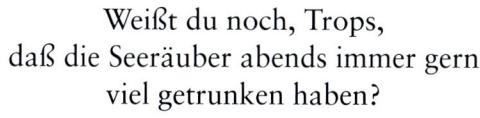

Weißt du noch, Trops,
daß die Seeräuber abends immer gern
viel getrunken haben?

O ja, was die immer alles
zusammengemischt haben, da hätte ich nicht
mit im Glas sein wollen. Dabei gibt es
so tolle Getränke ohne Alkohol.

Süßholz-Früchtetee

2 Teelöffel Früchtetee (z. B. Malve, Hagebutte, Apfel, Orange, Rosenblätter, Vitamin C) und 2 Teelöffel Süßholzraspel (aus der Apotheke; Achtung: zuviel wirkt abführend!) mit 1 Liter heißem Wasser übergießen und 5 Minuten ziehen lassen. Am besten und erfrischendsten schmeckt der Süßholz-Tee, wenn er kalt serviert wird.

Südsee-Drink

Die angegebene Menge reicht für zwei sehr große Limonadengläser.
$\frac{1}{4}$ Liter Orangensaft, Saft von zwei ausgepreßten Zitronen, $\frac{1}{4}$ Liter Ananassaft, 2 Eßlöffel Himbeersirup und zwei gehäufte Eßlöffel Orangen- oder Maracujaeis in einen schmalen, hohen Becher füllen und alles mixen. Nun in die beiden Gläser gießen und mit einem Trinkhalm servieren.

Minze-Drink

1 Bund frische Minzeblätter mit $\frac{1}{4}$ Liter kochendem Wasser übergießen und 10 Minuten ziehen lassen. 1 Teelöffel Anissamen, 3 Teelöffel Traubenzucker, 3 Teelöffel Zucker und 1 gute Prise Salz hinzufügen, umrühren und erkalten lassen. Wer mag, kann noch mit kaltem Mineralwasser (magnesiumreich!) aufgießen.

Immer mit der Ruhe!

„Übrigens muß es ja nicht immer so heiß
hergehen wie bei den Piraten", sagt Trips,
„es gibt so viele ruhige Beschäftigungen, die
auch Spaß machen und zwischenrein richtig
guttun. Man muß nur darauf kommen,
daß alles zu seiner Zeit schön sein kann."
„Ja, wie in der Geschichte von der Mama,
die so gerne ein Zugvogel gewesen wäre
und die durch ihr Kind darauf gebracht
worden ist. Manchmal können eben auch
Mamas jemanden brauchen, der ihnen einen Schubser gibt", sagt Trops.

Aber Mama...

„Weißt du was", sagte Mama und blickte
zum Himmel, „eigentlich wäre ich lieber
ein Zugvogel." „Du?" sagte Oliver. Er
versuchte sich Mama vorzustellen, wie sie
mit ausgebreiteten Schwingen in Richtung
Süden flog – inmitten eines Schwarmes
anderer Vögel. „Warum?" fragte er. „Weil
ich den Winter satt habe", sagte Mama und
zog fröstelnd den Kopf zwischen die Schultern. „Weil ich nicht gerne friere. Weil ich
nicht mit dem Auto auf Glatteis fahren
mag. Weil man immer heizen muß. Und
sich warm anziehen." Mama schüttelte
sich. „Wie ich die da oben beneide!" So
kannte Oliver Mama gar nicht. „Aber
Mama", sagte er, „aber Mama, im Winter,
da gibt's doch Schnee. Und man kann
Schlitten fahren. Und eislaufen. Das ist
doch schön." Mama blickte verdrießlich.
„Für euch Kinder vielleicht. Aber wer muß

denn jeden Tag das Auto abkratzen und eure Schneeanzüge trocknen? Und aufpassen, daß sich keiner erkältet?" „Aber Mama", sagte Oliver wieder, „aber Mama, im Winter, da kann man doch Schneeballschlachten machen und Iglus bauen, das mußt du doch auch schön finden!" Mama stopfte ihre Hände tief in die Taschen und rümpfte die Nase. „Und wenn es überhaupt keinen Schnee gibt in diesem Jahr? Wenn es nur scheußlich kalt wird?" „Dann", Oliver überlegte kurz, „dann machen wir's uns drinnen schön. Wir lesen Geschichten. Wir spielen. Wir schauen uns was im Fernsehen an. Und außerdem", Olivers Augen leuchteten auf einmal, „und außerdem ist im Winter Weihnachten. Das ist doch wirklich schön!"

„Ach ja, Weihnachten", Mama seufzte, „du hast recht, Weihnachten ist schon schön." „Und wir backen Plätzchen", redete Oliver weiter, „und basteln." „Und trinken warmen Tee", sagte Mama. „Und Punsch", grinste Oliver. „Kinderpunsch!" sagte Mama und grinste zurück. „Wir machen's uns so richtig gemütlich miteinander und zünden die langen Kerzen an", sagte Oliver. „Meinst du, so schön haben es die Zugvögel auch?" „Na ja", sagte Mama, „Kerzen werden die gerade nicht anzünden in der Hitze. Die würden bestimmt ganz schnell so aussehen." Dabei krümmte sie den rechten Zeigefinger, bis er zum Boden zeigte. „Und glaubst du, daß die Weihnachten feiern?" fragte Oliver. „Weihnachten? Ohne Winter?" überlegte Mama. „Na ja, ich weiß nicht." „Da können sie einem doch leid tun, die Zugvögel", rief Oliver. „Die haben nicht mal ein richtiges Weihnachtsfest." Mama blickte nachdenklich in die Ferne. Dann nahm sie Oliver bei der Hand. „Du hast recht", sagte sie. „Du hast wirklich recht. Komm, laß uns rennen. Da wird uns warm."

Heidemarie Brosche

Wassermeditation

Man braucht kleine und große Gefäße, die man mit Wasser füllen kann. Außerdem noch ein ziemlich großes Gefäß aus Ton, Porzellan oder Metall. Einige Handtücher sollten bereit liegen.

Nun sitzen alle um das große Gefäß herum. Dieses Gefäß ist bis zum Rand mit Wasser gefüllt. Jeder hat mehrere Schüsseln, Becher oder Tassen vor sich stehen. Zunächst schöpft jedes Kind nacheinander mit einem kleinen Gefäß Wasser und füllt damit seine eigenen Gefäße. Man hört dabei auf die Geräusche, die das Wasser beim Umfüllen macht. Alle achten darauf, wie sich die Geräusche verändern, wenn das Wasser schneller oder langsamer, aus geringerer oder größerer Höhe von einem Gefäß in ein anderes gegossen wird. Wichtig ist dabei, daß keiner spricht, sondern sich alle sehr, sehr ruhig verhalten, so daß man sich auf die Wassergeräusche konzentrieren kann. Dann leeren alle ihre Gefäße wieder in das große Gefäß und achten darauf, wie sich das anhört. Nun wird erneut Wasser geschöpft und vorsichtig über Hand oder Unterarm (über dem großen Gefäß) gegossen. Wie fühlen sich nun die Stellen auf dem Körper an, auf die das Wasser tropft? Will man Hand oder Arm am liebsten zurückziehen? Wie ist es, wenn man's tatsächlich tut? Welches Gefühl entsteht, wenn man eine Hand in Wasser taucht und eine Hand an der Luft läßt? Nun werden die Hände kurz ins Wasser getaucht und damit übers Gesicht gestrichen, dann klopft man vorsichtig mit den nassen Fingerspitzen auf die Wangen und auf die geschlossenen Augenlider. Wie fühlt sich das an. Wie ist es, wenn das Wasser langsam trocknet?

Wassergedicht

Hast du dir schon mal überlegt, wie oft du täglich mit Wasser zu tun hast? Und wo überall kommt Wasser vor? In diesem Gedicht findest du eine ganze Reihe von „Wasser"-Worten. Lies es doch mal langsam durch und versuch dir jeden einzelnen Begriff vorzustellen. So viele „Wasser-Kombinationen, vielleicht fallen dir auch noch einige ein.

Wasserfrosch und Wasserpflanzen,
Wasserdampf und Wasserklo,
Wasserbett und Wasserfarben,
Wasserglas und Wasserfloh,
Wasserturm und Wasserbüffel,
Wasserschlauch und Wasserhahn,
Wassernot und Wasserbomben,
Wasserrad und Wassermann,
Wasserkraft und Wasserwellen,
Wasserski und Wasserball,
Wasserschloß und Wasserschnecken,
Wassersport und Wasserstrahl.

Laß dir bitte Zeit beim Lesen,
lies es ruhig zwei-, dreimal.
(Denn wenn du dies ganz schnell ratterst,
sprichst du wie ein Wasserfall!)

Regentropfenzählen

Alle Kinder schauen zum Fenster raus und zählen die Regentropfen, die in einer bestimmten Zeit auf einer bestimmten Stelle landen. Eventuell als Wettbewerb: Wer hat mehr?

Regentropfenwettrennen

Die Kinder suchen sich je einen Regentropfen aus, der ganz oben auf der Fensterscheibe landet und verfolgen nun das „Rennen" auf der Glasscheibe. Welcher Tropfen ist der schnellste?

Regentropfen sammeln

Kleine Gefäße (flache, hohe, schmale, breite, usw.) werden nach draußen gestellt, um Regenwasser aufzufangen. Hin und wieder schauen alle raus und vergleichen, wieviel schon drinnen ist. Mit einem Filzstift kann man jeweils die Wasserhöhe markieren. Welches Gefäß wird am schnellsten voll?

Regentropfen fangen

Alle Kinder bekommen ein gleich großes Stück Pappe oder Tonpapier. Auf Kommando halten alle ihr Papier etwa 10 Sekunden zum Fenster hinaus. Die Regentropfen schnell mit einem Stift einkreisen und zählen. Wer hat die meisten? Wer hat die wenigsten?

Mehlberg

Auf einem großen Teller, am besten aus Plastik, liegt ein Häufchen Mehl, in dessen Mitte ein Strohhalm steckt. Die Kinder müssen nun vom Mehlberg mit einem stumpfen Messer oder Löffel abschneiden. Wer den Strohhalm umwirft, hat verloren.

Salzteigbilder

1 Tasse Mehl mit 1 Tasse Salz und etwa 6–8 Eßlöffeln Wasser vermischen. Nun eine Kugel formen und diese plattdrücken zu einem etwa 1 cm dicken Kreis. Oben ein Loch zum späteren Aufhängen des Bildes stechen. Nun farbigen Salzteig herstellen: Wasser mit Finger- oder dickflüssigen Wasserfarben bunt färben. Damit je einen Eßlöffel voll Mehl und Salz vermischen. Nun bunte Blüten und Blätter oder einfach schöne Muster formen und auf die runde Grundfläche setzen. Ganz besonders tolle Effekte erzielt man noch, wenn man den Teig durch eine Knoblauchpresse drückt. Wenn das Bild fertig ist, wird es im vorgeheizten Backofen etwa 30–40 Minuten bei 150°C gebacken. Die erkaltete Form kann zum Schluß mit Klarlack besprüht werden, damit die Farben schön kräftig bleiben.

„Salzteig hin, Salzteig her, mir ist was zum Essen lieber", murmelt Andi, nachdem er sein Salzteigbild fertiggestellt hat. „Du, da weiß ich was, das haben wir ja schon lange nicht mehr gemacht. Das ist etwas ganz Leckeres, schnell gemacht und man muß es noch nicht einmal backen oder kochen", ruft Lena und verschwindet schon in der Küche.

Haferflockenigel

Man verknetet Haferflocken, Schokoladenpulver und Sahne und stellt die Masse kalt. Dann formt man daraus Bällchen in Murmelgröße, die man wieder kaltstellt. Die Bällchen rollt man schließlich in Kokosflocken, so daß sie aussehen wie kleine Igel. Dazu eine Tasse heiße Schokolade, mmmh, das ist lecker.

Spiele mit Murmeln

Murmeln in einer Reihe

Man legt sieben Murmeln in einer Reihe aus. Der erste Spieler versucht, mit seiner Murmel die erste Murmel aus der Reihe zu treffen. Gelingt ihm dies, gehört die abgeschossene Murmel ihm. Nun versucht er es mit der zweiten, dritten usw. Wenn er nicht trifft, kommt der nächste dran.

Murmel-Boccia

Zuerst wirft ein Kind eine große Murmel nach vorn. Die anderen Mitspieler versuchen nun der Reihe nach, mit ihren kleinen Murmeln die große Murmel zu treffen. Wer es schafft, dem gehört die große Murmel. Wer es nicht schafft, muß seine eigene kleine Murmel dem Kind mit der großen Murmel geben.

Murmel-Parcours

Man baut aus Karton, Spielzeug, Kissen usw. einen richtigen Parcours, durch den die Murmeln durchgerollt werden. Welche Murmeln gehen am schnellsten durch, welche bleiben hängen? Der Pacours kann

„Regenwolke" – Fensterbild

Auf buntes Tonpapier werden ein Regenschirm und viele Regentropfen aufgemalt
und ausgeschnitten (siehe Skizze). Das ist
gar nicht so einfach, aber wenn man etwas
Geduld hat, bekommt man die Form des
Schirmes, den Stock und die Tropfen schon
hin. Die Tropfen werden an verschieden
langen Fadenstücken unten am Regenschirm befestigt, an die Regenschirmspitze
wird zum Aufhängen vor dem Fenster ein
Faden geknüpft! Besonders reizvoll ist es,
wenn man statt Regentropfen aus Tonpapier kleine Glasperlen auf die Fäden
knüpft. Diese Tropfen schillern am Fenster
dann ganz faszinierend.

„Regenschirm" – Namensschild

Für diese einfache Bastelarbeit braucht man
Moosgummi in verschiedenen Farben. Man
erhält ihn in Bastelgeschäften. Nun fertigt
man sich aus Karton eine Regenschirm-
schablone an. Wenn die Schablone die
gewünschte Form hat, legt man sie auf das
Moosgummistück der gewünschten Farbe,
fährt die Umrisse mit Bleistift nach und
schneidet aus. Nun muß man die einzelnen
Teile nur noch zusammenkleben, den
Namen draufschreiben und mit doppel-
seitigem Klebeband an der Tür befestigen.
Natürlich kann man die Schablone auch
auf bunten Karton legen und das Türschild
so fertigen.

Reim doch mal!

Die Straßenbahn

Es gab mal eine Straßenbahn,
die war nicht mehr zufrieden.
Sie schimpfte ihre Schienen an:
„Ab heut sind wir geschieden.
Ich schnall mir lieber Räder um
und rolle, wie ich mag.
Dann komm ich in der Welt herum
und freu mich jeden Tag.
Ich möchte auch mal Dinge sehn,
die's nicht in Städten gibt:
das Meer, die Berge, Wälder, Seen,
Sandstrände, flach, verklippt –

und vieles. Was, ist ganz egal,
Hauptsache, mir ist's neu.
Denn eines ist mir eine Qual:
die Pflicht tun brav und treu."
Nun, liebe Lese- -r und -rin,
wie könnt es weitergehen?
Wo fährt die Straßenbahn wohl hin?
Was wird sie alles sehen?
Wenn du auch Lust zum Reimen hast,
dann dichte doch mal weiter!
Möglich ist vieles, alles fast,
ob traurig oder heiter.

„Bei diesem Gedicht hab ich mir immer vorgestellt, was für tolle Sachen die alte Straßenbahn wohl erlebt hat", sagt Trips, „das müßt ihr auch mal machen. Überlegt ein paar Minuten, macht euch Notizen, erzählt es euch gegenseitig, und am Schluß malt jedes Kind sein Straßenbahnbild."

„Warum erzählst du das alles?" schaltet sich Trops ein. „In dem Gedicht hieß es doch eh: ‚Wenn du auch Lust zum Reimen hast, dann dichte doch mal weiter...'"
„Ja, hast ja recht", gibt Trips zu, „Reimen wär natürlich auch besonders schön, versuchen könnt ihr's ja."

„Kindericks...

...nennen wir Gedichte, die so ähnlich klingen wie die englischen Limericks und in denen es um Kinder geht", fängt Trops nun zu erklären an, „da können wir euch auch ein paar aufsagen. Es macht euch sicher Spaß, selbst etwas dazu zu dichten."

Es war mal ein Kind, genannt Juuuule,
das ging nicht gerne zur Schuuule.
Es sagte nur: „Mich
nervt die fürchterlich.
Ich hör lieber Musik, so coooole."

Mal gab's in der Klasse nur Kinder,
die stritten Sommer wie Winter.
Der Lehrer schrie laut:
„Hilfe! Friede geklaut!
Ich zahle fünf Mark an den Finder."

Es kannte ein Mädchen 'nen Jungen,
dem hat sie von Liebe gesungen.
Der Junge stöhnt: „Die
wird's im Leben nie.
Das hat ja scheußlich geklungen."

Sagst d u nun nach diesen Geschichten:
„So gut wie d i e kann ich auch dichten.
Viel besser sogar,
das ist wirklich wahr!"?
Dann zögere mitnichten!

Beginn mal mit echten Dingen,
und müh dich, um Reime zu ringen.
Nimm dir Nonsense vor.
Leih dir jemands Ohr.
Aber bitte fang nicht an zu singen.

Man kann das Selberdichten auch mit
kleinen „Es war einmal..."-Gedichten
versuchen:

Es war einmal ein Kind,
das ...

Nun sucht man Reimwörter zu Kind:

Rind
sind
geschwind
Wind

Es war einmal ein Haus, ...

aus
Braus
Klaus
Laus
Maus
hinaus
raus

Es war einmal ein Schwein, ...

ein	sein
Bein	dein
fein	rein
kein	Pein
klein	nein
allein	mein

Es war einmal die Fee
mit Tee, im Schnee
und sprach: Oh weh!
Wo geht's zum

Es war einmal ein Kind,
das rannte wie der Wind.

Es war einmal ein Haus
das sah bescheuert aus.

Es war einmal ein Schwein, ...
... das hüpft auf einem Bein.
... das wollt alleine sein.
... das speiste mal ganz fein.

Buntes Zirkustreiben

Trips und Trops fangen plötzlich an, sich wie wild zu gebärden. Sie hüpfen aufeinander, schlagen einige wilde Saltos, fallen der Länge nach hin und müssen fürchterlich lachen.

Andi und Lena starren ratlos auf das Spektakel vor ihnen.

„Na, fällt euch nichts ein bei dem, was wir euch vorführen?" fragt Trips herausfordernd.

„Das haben wir nämlich wo abgeschaut", sagt Trops. Er macht „ta ta ta taaaa", verneigt sich, zieht dabei einen nicht vorhandenen Hut und flötet: „Meine sehr verehrten Damen und Herren, wir begrüßen sie im..." „...Zirkus..." schreien Andi und Lena, die es jetzt kapiert haben.

„...Regentropfoloni!" tönt Trops noch einmal aus vollem Halse und verbeugt sich mehrmals vor dem Publikum.

Zirkusvorführungen

Wir überlegen uns, welche Personengruppen in einem Zirkus auftreten und verkleiden uns entsprechend. Der Clown zieht sich einfach irgendwie komisch an, der Zauberer braucht zumindest einen Hut und einen Zauberstab, die Seiltänzerin trägt vielleicht ein weites Röckchen und einen kleinen Schirm und so weiter. Der Phantasie sind wieder einmal keine Grenzen gesetzt. Wer Lust hat, kann sich kleine Darbietungen überlegen, einstudieren (alleine oder zu mehreren) und schließlich den anderen vorführen.

Alle Kinder bilden dabei einen Kreis. Als Zuschauer müssen sie bei jeder Aufführung heftig klatschen. In der Mitte finden die Vorstellugen statt.

Gewichtheben

Nun könnte zum Beispiel die starke Lena auftreten, vielleicht mit Ringelhemd, Radlerhose und breitem Gürtel. In die Ärmel hat sie sich zusammengeknülltes Papier oder Stoff gesteckt, so daß ihre muskulösen Oberarme auffallen. Als Gewicht kann ein Besenstiel mit zwei Schaumgummischeiben oder Waschmittelkartons dienen. Während Lena nun unter größter Anstrengung ihre Gewichte stemmt, steht hinter ihr der Clown (z. B. mit zu großen Schuhen, zu großen Hosen und Hut) und äfft sie nach. Da brüllt das Publikum.

Clownerien

Spiegelbild

Zwei Kinder sitzen einander gegenüber. Ein Kind führt langsam eine Bewegung aus, z. B. sich am Ohr kratzen, ein Buch aufschlagen, Beine übereinanderschlagen. Das andere Kind soll diese Bewegung nachmachen, und zwar spiegelbildlich. Das heißt also, wenn sich Kind 1 mit der rechten Hand am linken Ohr kratzt, dann muß sich Kind 2 mit der linken Hand am rechten Ohr kratzen. Das ist gar nicht so einfach. Aber lustig! Natürlich wird immer wieder abgewechselt.

Mach mir's nach!

Alle stehen oder sitzen im Kreis. Ein Kind macht eine bestimmte Bewegung oder Grimasse: Stirn hochziehen, Nase rümpfen, Zunge herausstrecken... Das nächste Kind wiederholt dies und fügt noch etwas hinzu. Das Spiel geht immer so weiter, bis alle dran waren. Man kann es auch zu wenigen mehrere Runden lang spielen. Wer eine Bewegung vergißt, scheidet aus oder muß ein Pfand zahlen.

Seiltanz

Als nächstes kommt die Seiltänzerin. Auf einem am Boden liegenden Springseil wagt sie zuerst nur ein paar zaghafte Schritte, dann steht sie sekundenlang auf einem Bein, einmal schlägt sie sogar ein Rad. Das Publikum muß schon befürchten, daß sie abstürzt. Aber alles geht gut.

Balancieren

Jedes Kind muß auf einer Linie (z. B. Teppichkante oder Schnur) balancieren und trägt dabei einen Kochlöffel mit Kartoffel. Wer schafft es, die Linie nicht zu verlassen und die Kartoffel heil ins Ziel zu bringen? Man kann die Strecke auch mit Hindernissen ausstatten, z. B. über einen Stuhl steigen, um einen Kegel herumlaufen...

Raubtierdressur

Die Raubtiere (mit geschminktem Gesicht, angeklebten Schnurrhaaren, Ohren aus Pappe, die an einem Haarreif befestigt sind und gestreiften oder gepunkteten Decken als Fell) fauchen gefährlich beim Einlaufen in die Arena und strecken ihre Krallen aus. Nun tritt der Dompteur mit Hut und Peitsche (Stöckchen mit angebundener Schnur) auf. Was er den Raubtieren befiehlt, tun sie, denn er schwingt energisch die Peitsche. Wenn er ihnen sagt, sie sollen sich setzen, springen sie auf Kissen, umgedrehte Eimer oder Bierkästen. Sie machen auf Befehl Männchen oder springen sogar durch einen Reifen. Wenn der Dompteur die große Mutprobe macht und einen Finger in das Maul eines Raubtiers steckt, beißt es nicht zu. Es ist wirklich gut dressiert.

Kraftprobe

Leg eine Streichholzschachtel auf den Tisch und sag zu den anderen: „Wetten, daß niemand diese Streichholzschachtel mit drei Hieben zerschlagen kann."

Alle werden widersprechen. Einer wird ausgewählt. Er darf zeigen, wie er es mit drei Schlägen schafft. Wahrscheinlich holt er mit der Faust aus und schlägt die Schachtel mit einem Schlag platt. „Siehst du, du kannst es nicht", wirst du nun sagen, „mit drei Schlägen, habe ich gesagt."

Versuch den Trick ruhig auch mal mit deinen Eltern.

Geschicklichkeitsspiele

Jonglieren

Jonglieren könnt ihr natürlich ganz einfach mit zwei, drei, vielleicht auch vier Tennisbällen oder ähnlichem. Witzig ist es aber auch, wenn man kleine bunte Stoffsäckchen oder Waschlappen zur Hälfte mit Reis füllt, diese zunäht und noch Glöckchen drannäht. Dann ist das Jonglieren nicht nur ein Augen-, sondern auch ein Ohrenschmaus.

Steine hochwerfen und fangen

Jeder Spieler hat zehn Steinchen, die er nacheinander hochwirft und fängt. Bei einem Fehler kommt der nächste dran.

Fingertunnel

Jeder Spieler hat sieben Steinchen. Er wirft einen Stein hoch und fängt ihn. Ist ihm das gelungen, wirft er wieder einen hoch und fängt ihn mit dem ersten Stein in der Hand. Das geht so weiter, bis er alle sieben geschafft hat. Dann muß er die sieben Steinchen nacheinander durch ein Tunnel, das er mit seinen Fingern bildet, schießen. Bei einem Fehler kommt der nächste dran.

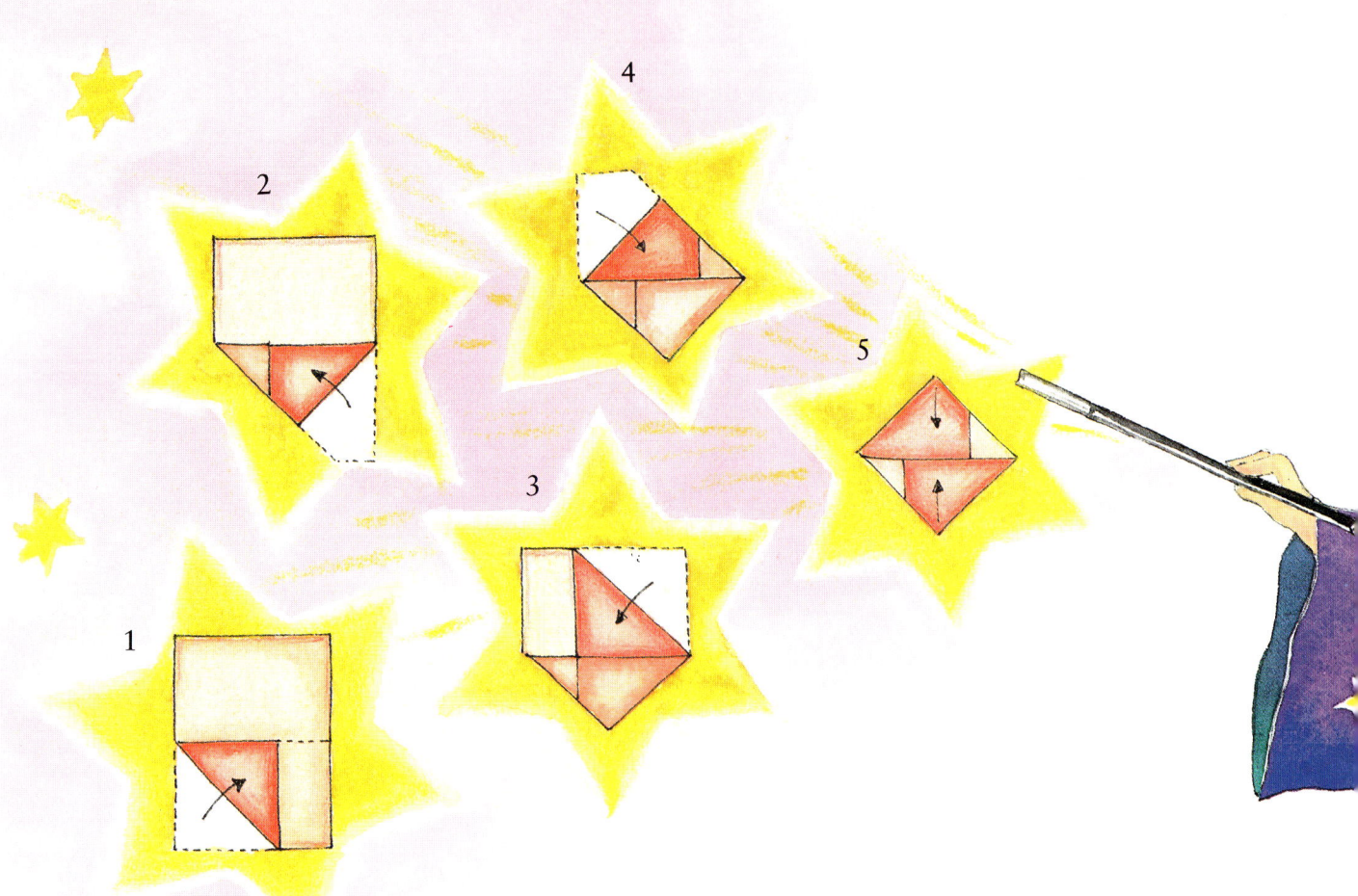

Zaubertüte

Einen DIN-A-5-Bogen Falt- oder Schreibmaschinenpapier faltet man zunächst in der Mitte. Dann faltet man die linke untere Ecke zur Mittellinie hoch, ebenso die rechte untere Ecke, wobei nun ein Stück der linken, schon gefalteten Ecke mit umgeklappt wird. Nach dem gleichen Prinzip faltet man erst die rechte obere Ecke zur Mittellinie und dann die linke obere Ecke. An der Mittellinie faltet man das entstandene Quadrat zu einem Dreieck zusammen. Die gefalteten Ecken müssen nach innen kommen. Mit Daumen und Zeigefinger schiebt man die beiden Ecken ineinander, so daß eine Dreieckstüte mit zwei Öffnungen entsteht. Die fertige Tüte kann man nun noch bunt bemalen oder bekleben.

Zauberkunststück

Eine Briefmarke oder ein Geldstück steckt man gut sichtbar in eine Öffnung der gerade gebastelten Zaubertüte. Man schließt die Tüte, macht mehrere geheimnisvolle kreisförmige Bewegungen und sagt dazu den Zauberspruch, z. B. „Hokus Pokus Simsalabim, das Geld ist weg." Von den Zuschauern unbemerkt, öffnet man die zweite Tütenöffnung und zeigt diese den Zuschauern. Tatsächlich – die Tüte ist leer. Wiederum mit theatralischen Bewegungen und Zauberspruch kann man das Geldstück wieder herbeizaubern.

Kaninchen aus dem Hut

Eine Blechdose beklebt man mit schwarzem
Karton und macht noch eine Hutkrempe
dran, so daß das Ganze aussieht wie ein
Hut. Dann schneidet man aus einem Karton ein Kaninchen aus. Unten knotet man
einen Faden dran und beschwert das Kaninchen, indem man Schraubenmuttern
oder andere Gewichte anklebt. Ein wenig
über den Gewichten bohrt man ein kleines
Loch durch das Kaninchen, zieht ein Gummiband hindurch und klebt es am dosen-
rand an.
Den Faden zieht man durch ein kleines
Loch im Dosenboden. Wenn man an der
Schnur zieht, kann man das Kaninchen
im Hut verschwinden und wieder heraus-
hüpfen lassen.

Die Neue

Barbara sitzt wie jeden Tag in der Klasse. Sie wartet darauf, daß der Unterricht losgeht. Frau Binterer müßte längst da sein. Barbara will im Stuhlkreis unbedingt von gestern und der Radtour erzählen.

Da endlich kommt Frau Binterer zur Tür herein. Und mit ihr ein fremdes Mädchen. „Das ist Irina. Sie wird für ein paar Tage unsere Klasse besuchen", sagt Frau Binterer und sieht dabei freundlich wie immer aus.

Für ein paar Tage? Was soll denn das? Kann man einfach für ein paar Tage eine Klasse besuchen? Gerade so wie zum Spaß? Sie haben heuer schon einmal eine Neue gekriegt, die Moni. Aber die kam für immer. Oder zumindest für sehr lange. Und die stand am ersten Tag ganz klein und schüchtern neben Frau Binterer.

Das neue Mädchen heute sieht kein bißchen schüchtern aus. Richtig frech schaut es in die 3 b. Merkwürdig, das alles!

„Setz dich zu Barbara", sagt Frau Binterer.

„Aber der Manuel kommt doch wieder." Barbara ist ganz empört. „Der ist doch nur krank."

„Sicher", beschwichtigt Frau Binterer, „aber er ist für die ganze Woche krank geschrieben. Und länger bleibt Irina nicht bei uns."

Irina hat sich in der Zwischenzeit häuslich neben Barbara niedergelassen. Es scheint sie nicht zu stören, daß sie auf Manuels Platz sitzt.

Ein Büchlein hat sie vor sich auf dem Tisch liegen. „Wanderbüchlein" steht drauf. Ob die so durch die Gegend wandert mit ihren Eltern? Und einfach in die Schule geht, wo's ihr paßt? Wirklich merkwürdig, das alles. Barbara möchte so vieles wissen. Aber Frau Binterer wird böse, wenn man schwätzt. Und so beherrscht sie sich bis zur Pause. Kaum hat die Glocke geläutet, will Barbara ihre Fragen loswerden. Aber da sind sie schon umringt von den anderen aus der 3 b. Alle wollen etwas wissen von Irina.

„Wieso bleibst du so kurz bei uns?"

„Wieso kommst du mitten unter dem Schuljahr?"

„Wo wohnst du denn?"

„Bist du neu hergezogen?"

Irina macht wieder ihr freches Gesicht.

„Ich wohne am Volksfestplatz", sagt sie und lacht.

Alle andern schauen dumm. Am Volksfestplatz sind doch gar keine Häuser. Wieso wohnt die da?

„Ich bin mit unserem Zirkus unterwegs."

Mit dem Zirkus! Ach ja, die bunten Plakate überall in der Stadt! Und sie haben eine von denen in der Klasse. Das ist vielleicht ein Hammer!

Barbara fühlt sich auf einmal ganz schön wichtig, wo sie doch neben der Neuen sitzt. Und endlich kann sie auch ihre Frage nach dem Wanderbüchlein stellen.

„Das brauche ich, während wir auf Tournee sind. Da kommen jede Menge Stempel rein. Wenn ich in einer Schule anfange, wird gestempelt, und wenn ich wieder aufhöre, auch. Damit ich nicht schwänzen kann."

„Aber wie bist du gerade in unsere Schule

gekommen? Hast du dir die rausgesucht?" fragt Barbara.

„Nein, nicht die Bohne. Wenn wir an einem Ort ankommen, müssen wir uns gleich auf dem Amt melden. Und dort teilen sie uns dann ein."

„Wieso uns?" fragt Barbara wieder.

„Weil ich noch eine große Schwester habe, die geht auch hier in die Schule, in die siebte Klasse!" gibt Irina Auskunft.

Überhaupt beantwortet die richtig nett die vielen Fragen, die sie ihr stellen. Und so erfahren die Kinder aus der 3 b gleich am ersten Tag eine Menge.

Die größte Sensation ist: Die muß keine Hausaufgaben machen. Weil sie den ganzen Nachmittag im Zirkus was zu arbeiten hat.

Heidemarie Brosche

Könnt ihr euch eigentlich vorstellen, was Irina da zu arbeiten hat? Vielleicht malt ihr sie mal? Ist sie Seiltänzerin oder Jongleuse, Clown oder Dompteuse? Überlegt es euch selbst!

65

Das kann man doch noch brauchen

> Beim Zirkusspielen kann man alte Klamotten gut gebrauchen, das habt ihr ja gesehen, aber mit ein bißchen Fantasie könnt ihr euch auch mit anderen alten Dingen wunderbar beschäftigen.

> Und Fantasie habt ihr ja wohl, hier sind für alle Fälle mal ein paar Anregungen.

Kronkorkenschnurren

In einen einfachen Kronkorken schlägt man mit Nagel und Hammer zwei Löcher. Durch diese fädelt man eine armlange Schnur und verknotet sie an beiden Enden. Wenn man die Schnur mit beiden Händen hält, den Kronkorken in der Mitte ein paar Mal um die eigene Achse dreht und dann den Faden an beiden Schlaufen anzieht und dann wieder etwas nachgibt, dreht sich der Kronkorken mit einem Schnurrgeräusch hin und her.

Korkenfloß

Aus alten Weinkorken läßt sich ein nettes, kleines Floß basteln. Zusammenkleben oder mit Stecken aneinander befestigen, vielleicht noch ein Segel aus einem Stoffrest drauf, und fertig!

Kronkorkenrassel

In eine Menge Kronkorken schlägt man je ein Loch. Dann fädelt man sie auf eine Schnur und spannt sie in zwei oder drei Reihen in eine Astgabel. Wenn die Rassel schön klingen soll, müssen die Kronkorken so dicht nebeneinander sitzen, daß sie aneinanderstoßen können.

Becherrassel

Je zwei leere Plastik-Yoghurtbecher werden mit den Öffnungen aneinandergeklebt, nachdem man sie mit ein paar kleinen Steinchen, Obstkernen, Büroklammern oder ähnlichem gefüllt hat. Interessant, wie verschieden die einzelnen Füllmaterialien klingen. Die Rassel läßt sich natürlich noch verzieren, indem man sie mit Bunt- oder Krepp-Papier beklebt oder noch bemalt.

Ritter von Klapperbach

Von einer alten Konservendose werden sowohl das Etikett als auch der Deckel (am sichersten ist ein elektrischer Dosenöffner, weil so kein scharfkantiger Rand entsteht!) entfernt. Dann wird die Dose ein wenig zusammengedrückt – so gut es eben geht. Die Seite mit dem Boden ist ab jetzt oben. Nun braucht man vier Weinkorken. Je zwei werden mit u-förmigen Nägeln verbunden. Jeweils in die oberen Korken wird nochmals je ein u-förmiger Nagel geschlagen. Durch diese beiden „Nagelschlaufen" werden zwei Pfeifenputzer von etwa fünf cm Länge gezogen.

Unten, also da, wo die Dose offen ist, werden im Abstand von etwa zwei bis drei cm zwei Löcher in die Dose gebohrt, etwa 1 cm vom Rand entfernt. Durch diese Löcher werden nun die beiden Pfeifenputzer gezogen, die Enden verzwirbelt und

hinter der Dosenwand versteckt. Nun hat der Ritter schon bewegliche Beine.

Als Kopf wird aus einem Karton ein Kreis in (zur Dose) passender Größe ausgeschnitten, mit einem Rittergesicht bemalt und mit einem Helm aus Alufolie umhüllt. Der Kopf wird mit stabilem Klebeband am Dosenboden festgeklebt. Nun braucht der Ritter noch Arme und ein Schwert. Die Formen werden aus Karton ausgeschnitten und seitlich an die Dose angeklebt.

Damit man den Ritter auch klappern lassen, mit ihm spielen und später zur Zierde aufhängen kann, bohrt man in den Dosenboden und auf die Hinterseite des Ritters noch mal zwei Löcher, zieht wieder einen Pfeifenputzer durch und verzwirbelt ihn. Das ist ein toller Ritter, der lange Spaß macht. Oder man bastelt sich gleich noch einen dazu.

Mit Knöpfen spielen

Wenn es bei dir zu Hause eine Schachtel mit alten Knöpfen gibt, läßt sich daraus eine Menge machen. Mit Knöpfen kann man auch alleine sehr gut spielen, und darin zu wühlen macht richtig Spaß.

Flohhüpfen

Auf dem Tisch steht eine kleine Schüssel, in die die Knöpfe geschnippt werden sollen. Jeder Mitspieler braucht dazu ein paar kleine Knöpfe und einen größeren zum Schnippen. Ihr könnt einfach aus Spaß alle in die Schüssel schnippen oder aber ein Wettspiel daraus machen: Wer bekommt in einer Minute oder mit 5 Versuchen die meisten Knöpfe in die Schüssel?

Knopfmosaik

Viele bunte Knöpfe legt ihr zu hübschen Mustern, die dann wie ein Mosaik wirken. Wenn das Mosaik besonders gut gelungen ist, könnt ihr es auf Pappe aufkleben oder auf ein Stück festen Stoff aufnähen und an die Wand hängen oder verschenken.

Knopfketten

Mit dickem Zwirnfaden und einer Stopfnadel könnt ihr Knöpfe zu Ketten auffädeln.

Knopfordnung

Ordnet die Knöpfe, wie es euch gefällt. Der eine nach Größe, der andere nach Farbe, Form, Material usw. Auch solche Knopfordnungen kann man natürlich aufnähen oder aufkleben.

Klorollentiere

Mit ein wenig Fantasie könnt ihr aus leeren Klorollen und Tonpapier die verschiedensten Tiere basteln: Pinguine, Eulen, Mäuse, Katzen... Wenn ihr die Rollen unten mit einem festen Karton verschließt und sie ein wenig beschwert (z. B. mit ein paar Steinchen) könnt ihr die Tiere als Ständer für Stifte verwenden.

Kartons sind Klasse!

Aus alten Kartons, auch von Waschmitteln, aus Pappschachteln und -rollen kann man die allertollsten Dinge bauen. Ein Haus aus Karton zum Beispiel mit Fenstern und Türen. Oder eine Lokomotive aus Rollen und Schachteln. Selbst ein Bagger kann aus Papprollen, Schachteln und Wellpappe entstehen. Auch Türme kann man konstruieren. Hinein- und herausklettern kann man, hineinhüpfen, herunterspringen, sich verstecken. Und...? Laß dir selbst noch mehr einfallen.

Webbilder

Mit einem Schuhkartondeckel, Faden und verschiedenen Wollresten lassen sich wunderschöne, kleine Wandteppiche herstellen. In die beiden kurzen Seiten eines Schuhkartondeckels schneidet man gleich viele Kerben ein. In einen langen Bindfaden macht man einen Knoten, und spannt ihn um die Kerben. Am Ende gibt es wieder einen Knoten. Nun fädelt man die erste gewählte Wolle in eine Stopfnadel und beginnt zu weben: die Nadel einmal über, einmal unter dem gespannten Bindfaden durchführen, in der nächsten Reihe umgekehrt. Man kann nun einfach bunte Streifen weben oder aber sich etwas anderes ausdenken: ein Muster, ein Haus, ein Männchen, irgendein Tier ... Aufpassen sollte man, daß man nicht zu locker webt, also immer wieder ein bißchen zusammenschieben. Wenn das Webbild fertig ist, löst man es vorsichtig vom Schuhkartondeckel und vernäht die Wollfäden unauffällig.
Aus den Webbildern kann man natürlich auch kleine Säckchen nähen, wenn man zwei Bilder am Rand zusammennäht.

Bilder aus Stoffresten

Denkt euch Bilder aus und versucht sie dann aus Stoff zu kleben. Erst einmal braucht ihr einen größeren Stoff als Untergrund. Das kann auch ein Stück Filz oder Rupfen sein. Dann sucht ihr euch Stoffreste für das Bild selbst, z. B. Plüsch für ein Felltier oder Blumenmuster für eine bunte Wiese. Nun schneidet und klebt ihr. Vielleicht passen auch noch ein paar alte Knöpfe mit ins Bild!?

Sockenpuppe

Aus einer alten Socke läßt sich im Nu eine lustige Handpuppe zaubern. Als Augen Knöpfe, als Haare Wollreste aufnähen, mit Stoffresten oder Puppenkleidern die Sockenpuppe anziehen. Ganz einfach könnt ihr auch ein Krokodil basteln. Ihr bereitet so groß wie eure Handspanne zwischen Daumen und den anderen Fingern ist aus rotem Tonpapier das Maul des Krokodils vor. Dann zieht ihr die Socke über und klebt dieses Stück in der Handspanne auf die Socke. Wenn ihr Lust habt, könnt ihr nun noch Zacken für die Zähne und eine Zunge einkleben. Die Sockenpuppen sind ganz schnell gemacht, und schon kann man Puppentheater spielen!

Flohmarkt

Mit allen möglichen alten, „unnützen" Dingen könnt ihr Flohmarkt spielen. Baut euch einen oder mehrere Stände auf und „kauft" dann gegenseitig bei euch ein.

Spaß mit Papier

Papier-Musik

Mit Klebeband befestigt man Zeitungspapier an Waschmitteltonnen, Kartons oder verschieden langen Pappröhren. Nun kann man mit den Händen oder dem Kochlöffel Trommel spielen.

Ratscht auch einmal mit dem Finger oder mit einem Hölzchen über die geriffelte Fläche von Wellpappe!

Spannt Schmirgelpapier über zwei Bauklötze und reibt sie aneinander! Und nun auf zum großen Papierorchester! Findet ihr noch weitere Instrumente?

Papier selber herstellen

Zunächst Altpapier zerrupfen und fünfzehn Minuten in Wasser einweichen lassen. Nochmal Wasser hinzugeben und alles im Mixer zerkleinern. Soll das Papier farbig werden, Blüten, Blätter oder Salat in den Brei streuen. Alles in eine Plastikwanne gießen und den Papierbrei mit viel Wasser verrühren. Ein feines, flaches Sieb, z. B. ein feinmaschiges Alu-Drahtnetz in einen Blumenuntersetzer, dessen Boden man bis auf einen kleinen Rand entfernt hat, einpassen. Das Sieb in die Plastikwanne legen. Nun vorsichtig das Papier schöpfen, dabei das Wasser gut abtropfen lassen. Mit einem Schwamm die Flüssigkeit absaugen. Ein Wachstuch auf den Tisch legen und das Papier mit Sieb daraufstülpen. Nun langsam das Papier mit einem Wellholz vom Drahtgitter lösen und über Nacht trocknen lassen. Schöne Glückwunschkarten lassen sich aus dem selbstgemachten Papier basteln, wenn man getrocknete Blumen, Gräser oder Blätter draufklebt und das Ganze in ein Passepartout schiebt.

Hilfe, die Insel schrumpft!

Jedes Kind stellt sich auf einen gleich großen Bogen Zeitungspapier (= Insel). Sobald Musik ertönt, bewegen sich alle auf ihrer Insel. Wenn die Musik aufhört, wird das Zeitungspapier um die Hälfte zusammengefaltet. Die Musik ertönt von neuem, und alle bewegen sich auf ihrer Insel. So geht es weiter, bis die Insel nur noch ein paar Zentimeter lang und breit ist. Wer ins „Wasser" tritt, scheidet aus. Wer schafft es, am längsten auf der Insel auszuharren?

Papier-Schlangen

Alle haben gleich große Zeitungsdoppelseiten vor sich liegen. Auf ein Kommando hin beginnen sie, die Zeitung in Streifen zu reißen, und zwar so, daß eine (!) möglichst lange Papier-Schlange entsteht. Aufgepaßt: Je feiner die Streifen sind, umso länger kann die Schlange werden, aber um so leichter reißt sie auch. Wer beim Schlußpfiff die längste Schlange hat, ist Sieger.

Ausschneiden und kleben

Aus alten Katalogen, Werbeprospekten und abgelegten Zeitschriften läßt sich vieles ausschneiden und dann wieder irgendwie zusammenkleben. So kannst du zum Beispiel ein leeres Zimmer aufzeichnen, es mit ausgeschnittenen Möbeln einrichten und es schließlich noch durch Menschen bewohnen lassen. Oder du klebst dir dein Traumkinderzimmer zusammen, mit Lieblingsmöbeln und -spielsachen.

Oder ihr bestimmt ein Motto, das für alle gelten soll, z. B. „Das mag ich"/„Das mag ich nicht". Wenn ihr euch bei der „Arbeit" nicht über die Schulter schaut, ist die Überraschung am Ende größer.

Man kann aber auch auf die Rückseite einer alten Tapete ein Riesenbild kleben, ein Haus, ein Dorf, eine Stadt, ein Zoo, ein Bahnhof, eine Landschaft oder eben ein Fantasiebild, ein Märchen, ein Traum usw. Was fällt euch noch ein?

Papier-Kleidung

Aus Zeitungspapier lassen sich Röcke, Umhänge, Raschelblusen und Flatterhosen machen. Auch Hüte kann man falten. Und selbst Sandalen können entstehen, wenn man das Papier zunächst zu etwa 2 cm dicken Streifen wickelt, diese dicht aneinander zu Sohlen wickelt und dann noch einen Streifen als Riemen an der Sohle befestigt.

Puzzles

Abgelegte Kalenderbilder oder Versandhauskataloge könnt ihr so zerschneiden, daß ein Puzzle draus wird. Dieses Puzzle setzt ihr zuerst selbst wieder zusammen, dann gebt ihr es an ein anderes Kind weiter. So hat jeder immer wieder ein neues Puzzle. Ihr könnt auch einige Löcher in das Bild schneiden. Am besten verwendet ihr dazu eine Schablone, denn die Löcher müssen alle gleich groß sein und die gleiche Form haben (rund, rechteckig, dreieckig, eiförmig...) Und nun an das nächste Kind weitergeben. Jedes Kind darf die Löcher in den Bildern der anderen „stopfen".

Spitzerabfall-Bilder

Wirf das, was sich in deinem Buntstiftspitzer so ansammelt, mal nicht in den Abfall, sondern schütte es vorsichtig in ein Schälchen. Die größeren (Holz-)Stücke zerkrümelst du mit den Fingern noch ein wenig. Nun nimmst du ein Blatt Papier, malst mit flüssigem Kleber ein Bild darauf und kippst den Inhalt des Schälchens drüber. Alles was nicht festklebt, schüttest du wieder ab. Nun ist ein schönes, buntes Bild entstanden.

Bei uns ist heute etwas los

Paßt auf, hier sollt ihr raten:
Bei uns ist heute etwas los,
ihr könnt es euch nicht denken.
Es gibt heut alles kostenlos,
und doch ist's nichts mit Schenken.
Motoren gibt's und Zugwaggons
und Autos, Reifen, Schienen,
ein Puppenhaus und Pappkartons
und mancherlei Maschinen,
auch Kuscheltiere, wolligweich,
Matratzen, Spiegel, Schränke,
'nen Teddybär, an Farben reich,
Schreibtische, Stühle, Bänke,
für Fasching Sachen herrlich bunt,
verziert mit goldnen Knöpfen,
Hüpfbälle, Globen, kugelrund,
ein Gretelchen mit Zöpfen.
Und vieles mehr, man glaubt es kaum,
kann man da noch entdecken,
ob hingelehnt an einen Baum,
ob eingehüllt in Decken,
gelegt, geworfen, hingehaun.

Chaotisch quillt es über.
Und dennoch: Viele Leute schaun
recht neugierig hinüber.
Vor allem Kinder lieben das.
Sie suchen, und sie wühlen.
Für sie ist es der größte Spaß,
als Forscher sich zu fühlen.
Mit Schätzen kommen sie nach Haus,
worauf die Eltern meinen,
die Sachen sei'n der größte Graus,
alt, widerlich, zum Weinen.
Wenn ihr trotzdem was haben wollt,
dann müßt ihr euch beeilen,
denn bald wird alles abgeholt
im Ganzen und in Teilen.
Bald biegt ein Wagen um das Eck,
dann ist der ganze Sperrmüll weg.

Hattet ihr es erraten?

Was lag (in diesem Gedicht) alles im
Sperrmüll?

Kartoffelstempel

Ein paar Kartoffeln werdet ihr euch wohl vom Vorrat zu Hause schon stiebitzen dürfen. Halbiert nun eine Kartoffel und schneidet dann mit einem Taschen- oder kleinen Küchenmesser in die glatte Fläche ein hübsches Muster. Beachten müßt ihr, daß die zu stempelnden Formen hochstehen bleiben, denn nur die übertragen Farbe auf das Papier. Nun gebt ihr mit einem Borstenpinsel etwas Deckfarbe auf die Stempelfläche und stempelt euer Muster auf saugendes Papier, z. B. Seidenpapier oder unbedrucktes Zeitungspapier. Ihr werdet sehen, daß klare Muster besser gelingen als zu viele Kleinigkeiten. Was ihr auch noch versuchen könnt: Verschiedene, z. B. geometrische Muster (Kreis, Rechteck, Dreieck...) in Kartoffeln schneiden und diese Formen beim Drucken kombinieren. Auf diese Art könnt ihr euch ein schönes Bild, aber auch Geschenkpapier oder Einbandpapier für Bücher selbst fertigen.

Rubbelexperimente

Mit dicken Wachsmalkreiden und dünnem, aber nicht leicht reißendem Papier kann man die wunderbarsten farbigen Rubbelbilder machen. Zunächst muß man testen, welche Untergründe fürs Rubbeln geeignet sind. Verschiedene Stoffarten, Holzstücke, Plastikteile, Netze, grobe Gewebe, Tapetenreste, Münzen usw., einfach alles, was nicht glatt ist.
Wenn ihr Lust habt, könnt ihr dann noch eine Collage aus den verschiedenen Mustern kleben.

Alte Fotos

Mit den Eltern, Großeltern oder anderen Familienangehörigen schauen wir uns alte Fotos an. Wir lassen uns dazu erzählen und wissen selbst vielleicht zu manchen Bildern kleine Geschichten.
Außerdem können wir besonders auf bestimmte Punkte achten:
* Wie war man früher angezogen, was war anders als heute, was blieb gleich?
* Wie sahen damals die Möbel, Werkzeuge, Fahrzeuge usw. aus?
Wir können auch Gegenüberstellungen suchen: ein Bild von früher und ein ähnliches Bild von heute, z. B. erste heilige Kommunion, Hochzeit, Familienfeier, Ausflug ins Grüne, Urlaub usw.

Fotowand

Falls man es euch erlaubt, könnt ihr auch eine Fotowand gestalten, z. B. Mama von ihrer Geburt bis heute oder Kinderbilder aus vier Generationen.

Jetzt bin ich Tante ...

Wenn möglich, könnt ihr die alten Fotos auch zum Anlaß nehmen, euch alte Klamotten anzuziehen und Oma, Opa, Papa oder andere Verwandte und Freunde nachzuspielen.
Auch ein Ratespiel kann daraus werden. Das macht vor allem in der Familie Spaß, weil eben jeder seine Eigenheiten hat. Versucht es einmal, da gibt's bestimmt viel Gelächter.

Rate mal

Im grünen Gras
bewegt sich was.
Was kann das sein?
Nun rat mal fein!

75

Ratespiel

Ich zähle was, was du nicht zählst

Das Spiel geht ähnlich wie das bekannte „Ich sehe was, was du nicht siehst, und das ist ..." Nur daß es hier heißt: Ich zähle was, was du nicht zählst, und das ist 8. Der oder die Mitspieler muß/müssen sich nun umsehen, vermuten und zählen. Sind es die Gläser auf dem Schrank oder die Rippen des Heizkörpers oder vielleicht die Bücher im Regal...?
Wer den/die gesuchten Gegenstand/Gegenstände erraten hat, darf sich nun selbst etwas ausdenken und die anderen raten lassen.

Bilderrätsel

Bilderrätsel machen viel Spaß, weil man sich zuerst etwas ausdenken muß, und dann noch malen kann. Versucht es einfach mal mit diesen folgenden Ideen, dann fällt euch schnell noch viel mehr ein.

A	+ Bild von Horn	= Ahorn
	+ Bild von Meise	= Ameise
F	+ Bild von Lamm + e	= Flamme
M	+ Bild von Ast	= Mast
R	+ Bild von Ast	= Rast
B	+ Bild von Ast	= Bast
f	+ Bild von Ast	= fast
G	+ Bild von Ast	= Gast
	Hast	
	Last...	

undsoweiter!!!

Lieder raten

Dieses Spiel kann man sowohl zu zweit als auch in einer größeren Gruppe spielen. Ein Kind summt eine Melodie, und nun muß erraten werden, wie das Lied heißt. Zu zweit spielt man es abwechselnd. Bei mehreren Spielern kann immer der drankommen, der das letzte Spiel erraten hat. Oder man hält eine bestimmte Reihenfolge ein, so daß jeder mal summen darf.

Tiere raten

Ein Kind beschreibt ein Tier, so gut es kann, und versucht dabei, immer genauer zu werden.
Beispiel:
„Mein Tier lebt in Höhlen und streift nur nachts umher. Es sieht schwerfällig aus, hat die Farben... Wer es errät, kommt als nächster dran.

Räume raten

Ähnlich wie bei „Berufe raten" oder „Tiere raten" müßt ihr bei diesem Ratespiel Räume beschreiben, die jeder kennt, trotzdem ist es manchmal schwierig zu erraten, was der andere meint.
Zum Beispiel:
Der Raum, den ich meine, ist ziemlich feucht. Wenn Menschen dort sind, sind diese meistens naß. Sie bewegen sich auch nicht nur auf ihren Füßen fort...
(Lösung: Hallenbad)

Malen und raten

Alle erhalten Papier und Stift. Nun hat jeder den Auftrag, irgendeinen Mitspieler zu malen. Achtung, nicht immer nur das „Opfer" anschauen, sonst wird's zu auffällig! Zum Schluß werden alle Bilder eingesammelt, und nun darf reihum jeder raten: Wen stellt das Bild dar? Wer hat es gemacht?

Menschen raten

Ein Spieler beschreibt eine Person, die allen Mitspielenden bekannt sein muß. Dies kann jemand aus der Verwandtschaft, Nachbarschaft usw. sein.
Das Beschreiben kann in Worten erfolgen, also z. B. „Sie kratzt sich oft am Ohr und ißt gerne Kekse…" Man kann Eigenheiten aber auch pantomimisch darstellen.

Farbige Wörter

Wenn du die folgenden Wörter mit Farben „füllst", ergeben sie plötzlich einen Sinn. Versuch's doch mal! Mit „rot" oder „gelb" oder …

Vollkornb_ _ _
Be_ dung
Vo_ eere
I_ aby
Na_ ett
unbe_ det
T_ tel
Hü_ eet
Sch_ flinte
A_ f
B_ _ _
_sam
_envoll
_der
Se_ oot
G_ te

Zahlen-Wörter

Lustige Wörter mit Zahlen
Hier geht's nicht um Farben, sondern Zahlen. Lies einfach die Wörter mit den Zahlen. Und welche Zahl fehlt hier?

Verd 8	gem 8
Wald 11 en	2 fel
Fahrra 3 fen	W 8 urm
ent 2	1 ortieren
Ver 1 fahne	Er 3 ch
n 8 s	Bre 4
Wasserw 8	gel 8

Hast du nicht Lust, selbst Wörter mit Farben oder mit Zahlen zu finden und andere raten zu lassen?!

Wort ändere dich!

Vom ersten bis zum letzten Wort darfst du immer nur einen Buchstaben auswechseln. Jedesmal muß sich so ein sinnvolles Wort ergeben.
Zum Beispiel:

HENNE	HENNE
. . . . .	HANNE
. . . . .	KANNE
. . . . .	KANTE
KARTE	KARTE
GOLD	GOLD
. . . .	GELD
. . . .	FELD
FELL	FELL

Silbenrätsel

bo - fel - fen - ge - gen - gen - gen - gum - ke - mi - pfüt - re - re - stie - ter - trop - wit - wol - ze

1) Nützliches Schuhwerk bei Regen:
_____
2) Ohne _____ kein Regen
3) Donner und Blitz: _____
4) Regen und Sonne ergeben einen
_____
5) Entsteht oft bei Regen: _____
6) Sie klopfen an dein Fenster:
_____

Die letzten Buchstaben von oben nach unten gelesen ergeben ein Lösungswort.

Teekessel

Wie ihr sicher wißt, gibt es etliche Wörter in unserer Sprache, die mehrere Bedeutungen haben, z. B.
– Flügel (vom Vogel/zum Spielen)
– Hahn (Tier/Wasserhahn)
– Feder (vom Vogel/zum Schreiben)
– Blatt (vom Baum/das Papier)
– Beine (vom Menschen/vom Tisch)
– Strauß (der Vogel/die Blumen)
Auf dem Bild oben könnt ihr diese Doppelbedeutungen finden. Viel Spaß dabei. Vielleicht fallen euch noch weitere Wörter dieser Art ein.

„Weil wir gerade beim Raten sind", läßt Trips auf einmal verlauten, „ratet doch mal, auf wessen Zeltdach wir auch schon mal gelandet sind."

„Keine Ahnung!" sagt Andi.

„Bei Urlaubern, die zelten waren?" fragt Lena.

„Ach wo, viel abenteuerlicher!" schüttelt Trips den Kopf. „Wir waren bei echten Indianern."

„Ja, das stimmt", nickt Trops, „als wir damals bei denen auf dem Wigwam saßen, haben wir so etliches miterlebt."

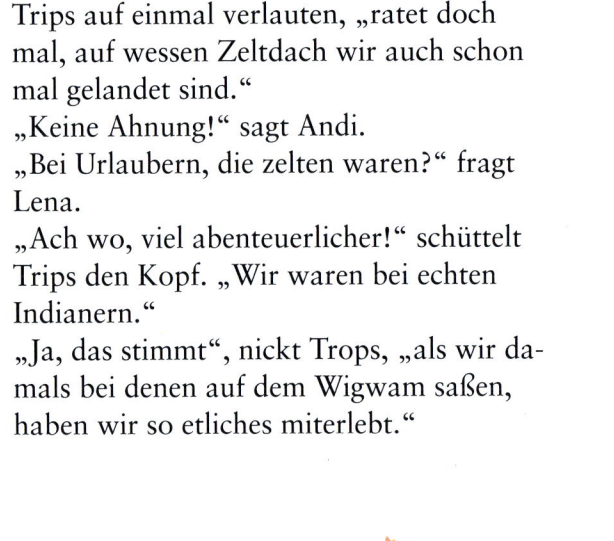

Indianerketten

Aus alten Knöpfen, Perlen, aber auch aus Muscheln, Schneckenhäusern, Hagebutten, Nußeckern, Federn, oder auch geschnittene Korken usw., die man das ganze Jahr über gesammelt hat, kann man schöne Indianerketten fertigen. Vorsichtig lochen und dann auf Schuhbändel oder starke Nylonfäden auffädeln.

Kriegsbemalung

Achtung, daß ihr euch nicht unbeliebt macht! Ehe ihr über Mamas Schminkutensilien herfallt, solltet ihr sie um Erlaubnis fragen. Vielleicht könnt ihr ja auch die Faschingsschminksachen verwenden. Auf jeden Fall aufpassen, daß ihr wirklich nur eure Gesichter und Körper bemalt und nicht die Einrichtung!

Bei den Indianern

Indianerkopfschmuck basteln

Für das Stirnband mit Federn ist Wellpappe recht gut geeignet. Sie sollte etwa auf 5 cm mal 30 cm zugeschnitten sein und wird zunächst einmal indianermäßig bunt angemalt. An den Enden des Streifens befestigen wir ein Gummiband. Federn kann man in Bastelgeschäften kaufen. Wer aber mit offenen Augen durch die Welt geht, findet immer wieder mal eine Feder, kann das ganze Jahr über sammeln und sie auch einfärben. In den Hohlräumen der Wellpappe kann man die Federn nun gut feststecken.
Eine andere Möglichkeit ist es, zwei Streifen Tonpapier entsprechend dem Kopfumfang und Kleberand zuzuschneiden. Auf einen Streifen malt man ein Indianermuster, auf die Innenseite klebt man die Federn, und der zweite Streifen wird nun dagegengeklebt. Am Ende muß man die beiden Enden des Streifens zusammenkleben.
Die dritte Möglichkeit ist, aus Stoff einen Streifen zu schneiden und eine oder mehrere Federn anzunähen.

Indianernamen

Alle zählen Indianernamen auf, die sie schon mal gehört haben: Schneller Pfeil, Adlerauge, Listige Schlange... Dann überlegt sich jeder etwa fünf weitere Namen und nennt sie den anderen. Jedes Kind darf sich nun seinen Wunschnamen aussuchen. Eventuell könnt ihr ihn sogar auf das Federschmuck-Stirnband schreiben. Dann wißt ihr immer, wie ihr euch anreden müßt.

Indianerkleidung

Aus alten Zeitungen, die man natürlich auch mit Farben bemalen kann, und Wäscheklammern basteln wir uns Indianerhemden. Das Beste ist, man hilft sich dabei gegenseitig.

Die Flaschenweissagung

Alle Mitspieler sitzen im Kreis. Der Häuptling legt eine leere Flasche vor sich auf den Boden, bringt sie zum Drehen und stellt die erste Frage, z. B.: „Welcher dieser müden Krieger hat seine Füße nicht gewaschen?" Wenn die Flasche zum Stillstand kommt, zeigt sie auf den „Sünder". Dieser darf nun Häuptling sein und eine Frage stellen.

Wohin führt die Trommel

Ein Häuptling geht vor den restlichen Kindern, deren Augen verbunden sind, durch die Wohnung. Nur auf sein Trommelgeräusch hörend, folgen sie ihm. Es geht durch die Diele, durchs Wohnzimmer, ...

Indianer-Memory

Jedes Kind malt jeweils zwei gleiche Bilder aus dem Indianerleben, z. B. Federn, Tomahawk, Wigwam, Kanu, Lasso ... Das Papier oder die Pappkärtchen sollten etwa fünf auf fünf Zentimeter und immer gleich groß sein. Dann werden alle Bilder umgedreht und gemischt. Nun kann man Memory damit spielen.

Trommeln basteln

Aus alten Waschmitteltonnen oder auch aus leeren Papprollen, Blumentöpfen oder ähnlichem bauen wir uns Trommeln. Wichtig ist, daß sie zuerst bunt bemalt oder beklebt werden. Dann bespannen wir sie mit dickem Stoff, Fensterleder, Pergamentpapier oder Plastikfolie und befestigen dies mit Klebeband. Wenn verschiedene Größen und Materialien verwendet werden, kann man den unterschiedlichen Klang hören. Schläger können alte Kochlöffel oder einfache Hölzer sein. Nun muß man halt herausfinden, wie stark man trommeln darf.

Späher und Lauscher

Weil es für die Indianer nicht nur wichtig ist, laut heulen zu können, sondern auch genau zu beobachten und sich lautlos anzuschleichen, hier nun ein ruhigeres Spiel. Jedes Kind setzt sich in den Schneidersitz, ist vollkommen still und versucht, nur zu hören und zu sehen. Erst wenn der Häuptling auf die große Trommel schlägt, dürfen sich die Indianer wieder bewegen. Sie laufen alle zum Häuptling, versammeln sich im Kreis um ihn und berichten, was sie gesehen, gehört oder gerochen haben.

Indianertanz

Wie bei den Indianern tanzen alle zum Klang der Trommeln. Ein Teil der Kinder trommelt zunächst irgendeinen Rhythmus, der ihnen gefällt. Die anderen tanzen bzw. bewegen sich dazu. Dann wechseln sich Trommler und Tänzer ab.

Vortänzer

Alle Kinder bilden einen Kreis. Ein Vortänzer steht in der Mitte, ein Vortrommler gibt den Rhythmus, z. B. lang – lang – kurz - kurz – kurz. Die Kinder klatschen den Rhythmus mit. Der Vortänzer läßt sich zu diesem Rhythmus eine Tanzschritt einfallen, den nun alle mitmachen müssen – auch der Vortrommler. Gelingt es ihm, darf er nun Vortänzer sein, ein anderes Kind wird der Vortrommler. Das Spiel sollte so lange gehen, bis jedes Kind einmal Vortänzer war.

Wer läßt sich erwischen?

Ein Kind, der Häuptling „Rote Feder" hat
die Augen verbunden und sitzt in der Mitte
zwischen allen Kindern. An seinem Hemd
sind viele rote Federn = Wäscheklammern
befestigt. Die anderen Indianer wollen ihm
die „Federn" klauen, ohne daß er es bemerkt und schleichen sich zu diesem Zweck
möglichst lautlos an. Gar nicht so einfach
mit raschelnden Zeitungsgewändern!

Schatzsuche

Vor dem Spiel wird zunächst einmal das
Indianergeheul geübt. Dann geht es daran,
einen Silberschatz (irgend etwas, z. B. ein
Apfel, eine Süßigkeit, ein kleines Spielzeug,
Murmel etc. wird in Alufolie gewickelt) zu
verstecken. Vorher werden natürlich dem
schatzsuchenden Kind die Augen verbunden. Wenn es sich auf die Suche macht, helfen ihm die andern durch die Lautstärke
ihres Geheuls. Je näher es am Schatz dran
ist, um so lauter ist das Indianergeheul.

Bärenversteck

Ein Spielzeugbär wird von einem Erwachsenen oder einem Kind versteckt. Die Indianer wählen sich einen Jäger, der nun den
Bären suchen muß. Aber nicht, um ihn tri-
umphierend zurückzubringen, sondern um
allen das Bärenversteck ins Ohr zu flüstern.
Erst, wenn der letzte Indianer informiert
ist, stürmen alle mit lautem Geheul los, um
gemeinsam den Bären zu fangen.

Wer schnappt sich ein Pferd?

Zuerst sollte man einen Probedurchgang machen, bei dem für jedes Kind ein Pferd (= Stuhl) bereitgestellt ist. Die Kinder laufen zu Indianergetrommel um die Pferde herum, plötzliche tritt Stille ein – jedes Kind muß ein Pferd finden. Nun wird ein Stuhl entfernt. Das Kind, das bei der nächsten Runde kein Pferd ergattert hat, übernimmt die Rolle des Trommlers. Alle übrigen Kinder laufen also so lange herum, bis das ausgeschiedene Kind (das mit dem Rücken zur Gruppe stehen sollte) plötzlich zu trommeln aufhört. Runde um Runde geht es so weiter, bis nur noch ein Kind übrigbleibt. Es darf die Häuptlingsfedern aufsetzen.

Fühl mal!

Für die echten Indianer waren Mais und Bohnen wichtige Nahrungsmittel, für unsere Indianer sollen sie Anlaß zum Tasten und Fühlen sein. Ein Teller mit Bohnen- und Maiskörnern wird von einer Decke oder einem Tuch abgedeckt. Jedes Kind erhält nun zwei Tassen, in die es Bohnen- und Maiskörner unter der Decke sortieren soll. Wer schafft es ohne Fehler?

Wer rät die magische Pflanze?

Gibt es in der Wohnung mehrere Zimmerpflanzen, so kann man das Spiel rund um diese gestalten. Ein Spieler wählt sich im Geiste eine bestimmte Pflanze, die „magische", aus. Die anderen Kinder sitzen im Kreis und beginnen nun zu fragen, z. B. „Hat die Pflanze Blüten?", „Ist sie größer als ein Bleistift?"... Die Fragen dürfen nur mit ja oder nein beantwortet werden. Derjenige, der das Rätsel löst, läßt nun die anderen raten. Wenn keine oder nur wenige Zimmerpflanzen vorhanden sind, kann man auch Möbel, Bilder oder ähnliches raten lassen. Oder man denkt sich Bäume, Pflanzen und Sträucher aus.

Wer hat die beste Spürnase?

Indianer brauchen eine gute Spürnase, um Fährten folgen zu können. In Becher und Dosen kommen unterschiedlich duftende Speisen: Nüsse, Zwiebeln, Orangen, Brot usw. Nun müssen die Kinder mit verbundenen Augen die Gerüche erkennen.

Laß dich nicht erwischen!

Ein Spieler steht mit dem Gesicht zur Wand und sagt schnell jeweils ein Wort, z. B. „Friedenspfeife". Die anderen Kinder stehen in einem gewissen Abstand hinter ihm. Während der Spieler redet, dürfen die anderen Kinder sich auf ihn zu bewegen, dreht er sich aber um und sieht, wie sich einer bewegt, muß dieser zurück zur Ausgangslinie. Wer als erster bei ihm ankommt, ist Sieger und darf nun selbst Wörter sagen.

Wer errät die Botschaft?

Es spielen zwei Gruppen. In jeder Gruppe gibt es einen Maler, für jede Gruppe ein Blatt Papier und einen Stift. Die Maler erhalten eine geheime Botschaft, gehen zur Gruppe und malen. Die Gruppe, die zuerst den Begriff erraten hat, bekommt einen Punkt. Aufträge können Gegenstände sein, z. B. „Sonne", „Lasso"..., aber auch kleine Mitteilungen wie: „Das Messer liegt neben dem Wigwam", oder „Er haut mit dem Kanu ab".

Der letzte Mohikaner

Alle Spieler sitzen im Kreis, wobei die Stuhllehnen nach innen zeigen. Keiner darf etwas sehen (Binden vor den Augen). Keiner darf sich zur Kreismitte umdrehen. Der „letzte Mohikaner" kriecht, so leise er kann, zu einem sitzenden Spieler. Wenn irgendein Spieler etwas hört, darf er die Hand heben. Der „Mohikaner" muß dann zur Kreismitte zurück und von vorne beginnen. Gelingt es ihm, sich einem Mitspieler zu nähern und ihm die Hand auf die Schulter zu legen, ohne daß der etwas merkt, wird dieser zum „letzten Mohikaner".

Wer hat mich berührt?

Alle Kinder machen leises Indianergeheul, ein Kind steht mit dem Rücken zu ihnen und hält die Hand ans Ohr. Eines der „heulenden" Kinder nähert sich von hinten und berührt die Hand. Das berührte Kind dreht sich um und versucht zu erraten, wer es berührt hat.

Regenbitte der Indianer

Setzt oder stellt euch so auf, daß ihr den Spielleiter gut sehen könnt. Nun läßt der Spielleiter unterschiedlichstes Regenwetter hörbar werden. Die Indianer haben so ihre Gottheiten um Regen gebeten.

Landregen:
Zwei Finger der einen Hand trommeln abwechselnd schnell auf die Handfläche der anderen Hand.

Platzregen:
Alle Finger der einen Hand trommeln abwechselnd auf die Handfläche der anderen Hand.

Gewitterregen:
Die eine Hand klatscht leicht auf die Handfläche der anderen Hand, und zwar langsam oder schnell, je nach Stärke des Regens.

Schwere Tropfen:
Eine Faust klopft auf die andere Handfläche.

Hagelschlag:
Beide Hände prallen gegeneinander, Hände dabei durchgestreckt.

Unwetter:
Beide Hände prallen gegeneinander, und zwar mit gestreckten Händen. Dazu stampft man am Platz mit den Füßen.

Der Spielleiter reiht dies aneinander, z. B. vom Landregen bis zum Unwetter und umgekehrt. Die anderen Kinder machen es jeweils nach.

Daß ihr jetzt nur nicht meint, alle Indianer seien ganz tolle Kerle, richtige Helden. Die sind natürlich auch nur Menschen mit kleinen Schwächen. Wie jeder von euch Menschen.

Du willst doch jetzt sicher die Geschichte erzählen, die dich immer so getröstet hat, wenn die anderen Regentropfenkinder über dich lachen mußten, nicht wahr?!

Da lachte der kleine Indianer

Einmal trat der kleine Indianer vor seinen Wigwam, um zur Jagd zu gehen. Dabei übersah er die Friedenspfeife. Er stolperte und fiel der Länge nach hin.
Der kleine Ritter, der gerade in den Burggraben gefallen war, kam vorbei und sah den kleinen Indianer.
Da lachte der kleine Ritter.
Am nächsten Tag zündete der kleine Indianer das Feuer an, um Rauchzeichen zu geben. Dabei kam er zu nah ans Feuer. Sein Gesicht war voller Ruß.
Der kleine Cowboy, der sich gerade an der Blockhaustür angeschlagen hatte, kam vorbei und sah den kleinen Indianer.
Da lachte der kleine Cowboy.
Am nächsten Tag wollte der kleine Indianer einen Büffel fangen. Dabei verhedderte er sich im Lasso.
Der kleine Seeräuber, der gerade die Piratenflagge in die Schatztruhe eingeklemmt hatte, kam vorbei und sah den kleinen Indianer.
Da lachte der kleine Seeräuber.
Am nächsten Tag übte der kleine Indianer

Pfeil- und Bogenschießen. Dabei riß ihm die Bogensehne mittendurch.

Der kleine Räuber, der gerade sein gefährlichstes Räubermesser zerbrochen hatte, kam vorbei und sah den kleinen Indianer.

Da lachte der kleine Räuber.

Am nächsten Tag stieg der kleine Indianer in sein Kanu, um Fische zu fangen. Dabei schlug er mit dem Paddel zu heftig in das Wasser. Er spritzte sich von oben bis unten naß.

Der kleine Astronaut, der sich beim Aussteigen seinen neuen Raumfahreranzug zerrissen hatte, kam vorbei und sah den kleinen Indianer.

Da lachte der kleine Astronaut.

Am nächsten Tag hatten der kleine Indianer, der kleine Ritter, der kleine Cowboy, der kleine Seeräuber, der kleine Räuber und der kleine Astronaut schreckliche Lust auf Süßes. Deshalb liefen sie zum großen Puddingsee. Der große Puddingsee war schon wieder fast leer. Deshalb beugten sich der kleine Indianer, der kleine Ritter, der kleine Cowboy, der kleine Seeräuber, der kleine Räuber und der kleine Astronaut ganz weit hinunter. In diesem Moment kam die Puddingnachschubmaschine. Und weil der kleine Indianer, der kleine Ritter, der kleine Cowboy, der kleine Seeräuber, der kleine Räuber und der kleine Astronaut den Weg versperrten, hupte der Puddingnachschubmaschinenführer. Vor Schreck verloren sie alle das Gleichgewicht und plumpsten in den Puddingsee.

Da lachte der kleine Indianer.

Heidemarie Brosche

Im Regenwald

„Wußtet ihr, daß in Brasilien noch immer die Xavante-Indianer leben?" fragt Trips. Andi und Lena schütteln den Kopf.

„Im brasilianischen Regenwald nämlich", erzählt Trips weiter.

„Du, in Regenwäldern waren wir eigentlich schon besonders oft", mischt sich Trops nun ein.

„Warum denn ausgerechnet dort?" will Andi wissen.

„Na, weil es dort so oft regnet", erklärt Trips, „fast jeden Tag. Und das auch noch ganz schön stark. Außerdem gibt es Regenwald ja rund um die ganze Erde."

„Wie ist es denn so in einem Regenwald?" fragt Lena. „Ich hab schon so viel drüber gelesen. Erzählt ihr uns ein bißchen was?"

„Na ja", beginnt Trips, „die Luft ist dort sehr heiß und feucht. Es gibt riesige Pflanzen und viele, viele Blüten und Früchte. Die Tiere, die dort leben, können fast alle klettern oder fliegen. Und es gibt Unmengen davon, auch Faultiere. Wie in dem Gedicht hier."

Ein Faultiertraum

Im dichten, feuchten Regenwald,
wo's immer warm ist, niemals kalt,
da hing das Faultierkind im Baum.
Es träumt dort seinen Lieblingstraum.
Es träumt, es wär ein Papagei,
der durch die Luft fliegt mit Geschrei.
Oder ein Frosch, der mit Gequak
klettert und hüpft den ganzen Tag.
Es könnte zischen wie die Schlange.
Es wäre mutig und nicht bange.
Es könnte affenartig brüllen,
ameisenbärenmäßig wühlen.
Es träumt, im Dschungel aufzuräumen,
zu arbeiten, anstatt zu träumen.
Doch blieb es, weil's ein Faultier war,
im Baume hängen – war doch klar!

89

Ffff, das fleißige Faultier

Mitten im südamerikanischen Urwald lebte eine Faultierfamilie. Natürlich lebte sie dort nicht allein.

Es wimmelte von anderen Tieren. Von Vögeln und Insekten, von Schlangen und Fröschen.

Von Ameisenbären, die auf der Suche nach Termiten und Ameisen umherstreiften.

Von Papageien, die laut krächzend Samen und Früchte sammelten.

Und von Brüllaffen, die den ganzen Tag mit wildem Lärm durch die Baumwipfel turnten.

Die Faultiere aber schliefen die meiste Zeit. Und wenn sie gerade einmal nicht schliefen, dann hingen sie regungslos im Baum.

Sie taten nichts, rein gar nichts. Sie waren einfach nur faul.

Sie waren zu faul, sich Nahrung zu suchen. Nur ab und zu rupften sie ein Blatt.

Sie waren zu faul, aufs Klo zu gehen. Nur einmal in der Woche taten sie das.

Sie waren sogar zu faul, sich Namen für ihre Kinder zu überlegen.

Sie nannten sie einfach F 1, F 2 und F 3, was soviel heißen sollte wie Faultier 1, Faultier 2 und Faultier 3.

Sie lebten nun so schon seit vielen Jahren. Und sie hätten wohl auch so weitergelebt, wenn nicht …

Ja, wenn nicht eines Tages Faultier 4 geboren worden wäre.

Von Anfang an war irgend etwas anders mit ihm.

Anders als bei den anderen.

Es wollte sich nicht ruhig an seine Mama klammern.

Es wollte nicht untätig an einem Ast hängen.

Es wollte immer etwas tun, etwas erledigen, etwas arbeiten.

Kurz und gut: es war nicht faul, sondern fleißig.

Die anderen Faultiere schüttelten verständnislos die Köpfe und zischten müde: „Ffff!", was abgekürzt soviel heißen sollte wie: Faultier 4. Der Vater tadelte träge: „Ffff, du trägst uns noch die ganze Ruhe aus dem Baum."

Die Mutter mahnte erschöpft: „Langsam, Ffff, sei doch langsam! Du wirst es zu nichts bringen mit deinem ewigen Fleiß."

Faultier 1 stöhnte verächtlich: „Ffff will sich nur wichtig machen."

Faultier 2 seufzte: „Vielleicht ist Ffff krank."

Faultier 3 jammerte: „Ffff…" und war schon wieder eingeschlafen. Ffff aber ließ sich nicht beirren. Jeden Tag verließ es aufs neue seinen Baum, um sich im Urwald umzusehen. Jeden Tag brachte es irgend etwas Feines mit nach Hause.

Jeden Tag machte es irgendwo Ordnung.

Das alles war viel Arbeit. Und es war sehr gefährlich. Einmal krallte sich Ffff aus Versehen an einer Schlange fest. Nur durch einen schnellen Sprung ins Geäst konnte Ffff sich retten. Die Schlange staunte. Noch nie hatte sie ein so schnelles Faultier gesehen.

Ein andermal brachte Ffff beim Aufräumen einen Ameisenhaufen durcheinander.

Die Ameisen waren nicht begeistert.

Ffff mußte fliehen.

Bei einem seiner großen Dschungelausflüge geriet es in einen See und glaubte schon, ertrinken zu müssen. Da entdeckte es, daß es schwimmen konnte.

Wunderbar schnell kam es voran. Ffff konnte es nicht glauben. So schnell es konnte, hangelte es sich zurück.

„Ich kann schwimmen. Das ist herrlich. Ihr müßt es auch ausprobieren", rief es den Eltern und Geschwistern schon von weitem zu. Die öffneten gelangweilt die Augen und brummten wie aus einem Munde:

„Warum sollten wir?"

„Ihr wollt es noch nicht einmal versuchen?" schrie Ffff ungläubig. „Wir sind schon mal geschwommen", entgegnete Vater Faultier träge.

„Bei der großen Flut", fügte Mutter Faultier hinzu.

„Als es nötig war", ergänzte Faultier 1.

„Jetzt ist es nicht nötig!" beendeten Faultier 2 und 3 unwillig das Gespräch.

Damit war alles klar: Auch schwimmen würde Ffff in Zukunft alleine müssen.

Heidemarie Brosche

91

Zum Fertigreimen

Die Affen brüllten laut im Chor.
Da schrie das Faultier: „Au, mein _____!"

Es sprach der kleine Papagei:
„Heut könnt ich fressen glatt für _____.

Es zischte leis der Kakadu:
„Laßt mir jetzt meine _____.

Die Ameisen klettern froh und munter,
die Bäume rauf und wieder _____.

Welche anderen Tierreime fallen euch noch
ein?

Such deinen Partner!

Als erstes werden Zettel vorbereitet, auf denen je ein Regenwald-Tiername steht. Von jedem Tiernamen gibt es zwei Zettel. Nun darf sich jedes Kind einen Zettel ziehen. Keiner erfährt, welches Tier der andere ist. Zu flotter Laufmusik tanzen alle frei durch das Zimmer. Hört die Musik auf, versuchen sie, ihren Tier-Partner zu finden – entweder durch entsprechende Töne oder aber durch Bewegungen. Welches Paar hat sich als erstes gefunden? Nun kann man die Zettel wieder mischen, neu ausgeben, und das Spiel beginnt von vorne. Witzig ist es auch, wenn sich zum Schluß nicht nur alle wie ihr Tier bewegen, sondern auch fressen und schlafen. Zuerst können so alle gemeinsam ihr Tier spielen, danach kann jeder einzeln sein Tier vorführen und die anderen raten lassen.

Begriff raten

Ein Kind denkt sich irgendeinen Regenwald-Begriff aus, ein Tier, eine Pflanze oder etwas ähnliches. Die anderen Kinder fragen nach dem Begriff, und zwar so, daß man nur mit „Ja" oder „Nein" antworten kann. Wer „Ja" als Antwort bekommt, darf bis zum nächsten „Nein" weiterraten. Und wer den Begriff erraten hat, darf sich nun selbst etwas ausdenken.

Welches Tier sitzt hier?

Ein Kind versteckt sich unter einem Tuch, die restlichen Kinder stehen rundherum. Nun beginnt das Kind unter dem Tuch, bestimmte Bewegungen zu machen. Es ahmt dabei einen Affen, eine Schlange, einen Papagei oder irgendein anderes Regenwaldtier nach. Wer errät, welches Tier gemeint ist, darf nun selbst unter das Tuch.

Verschlungen

Im Urwald gibt es oft kein Durchkommen, weil alles so dicht und verschlungen ist. In diesem Spiel dürft ihr euch verschlingen, so gut es eben geht. Faßt euch an den Händen zum Kreis. Beginnt nun, euch miteinander zu verknoten, indem ihr euch gegenseitig über die Arme steigt, euch verdreht usw. Wichtig: Nie die Hand der Nachbarkinder loslassen! Erst wenn ihr so verschlungen seid, daß gar nichts mehr geht, könnt ihr euch ans Auflösen machen. Auch hier wieder auf keinen Fall die Nachbarn loslassen! Zum Schluß müßtet ihr alle wieder im Kreis stehen.

Regenwald im Glas

In einem Glasgefäß, das man verschließen kann, könnt ihr euch selbst einen kleinen Regenwald anlegen. Zuerst füllt ihr eine etwa 3 cm dicke Schicht Kieselsteine in das Gefäß, darauf etwa 8 cm Blumenerde. Die Erde solltet ihr gut anfeuchten, daß es beim Einfüllen nicht so staubt. Eventuell könnt ihr zu den Kieselsteinen noch ein paar Holzkohlestücke geben, damit sich im Glas kein Schimmel bildet. Nun braucht ihr ein paar Ableger (mit möglichst gutem Wurzelwerk) von Pflanzen wie Grünlilie, Efeu, Farnen, Moosen, also solchen, die an feuchten und schattigen Stellen wachsen. Ihr pflanzt sie vorsichtig in die angefeuchtete Blumenerde und verschließt dann das Gefäß luftdicht. Stellt es an einen hellen Platz, aber nicht direkt in die Sonne. Was euch vielleicht wie ein Wunder vorkommt: Ihr müßt nicht gießen, die Feuchtigkeit der Erde reicht aus. Dadurch, daß das Glas verschlossen ist, vollzieht sich in ihm ein ständiger Kreislauf. Die Pflanzen nehmen über ihre Wurzeln Wasser auf und geben es über die Blätter wieder ab.

Äffchen

Alle setzen sich in einer Reihe auf den Boden. Ein Kind sitzt davor und stellt abwechselnd den anderen Kindern Fragen, z. B.: *„Welche Haarfarbe hast du?"*, *„Wie heißt du?"*, *„Was ist dein Lieblingsessen?"*, *„Was ist dein Hobby?"* usw. Das gefragte Kind muß jeweils mit „Äffchen" antworten. Wer lacht oder ein anderes Wort als „Äffchen" antwortet, muß als nächstes die Fragen stellen.

Schmetterling, flieg nicht weg!

Malt euch einen schönen, bunten Schmetterling auf Zeichenpapier und schneidet ihn aus. Klebt auf die Flügel zwei Pfennigstücke. Sie sind die Balancegewichte. Legt euch den Schmetterling auf den Finger und versucht, ihn im Gleichgewicht zu halten. Nur die Flügel dürfen sanft hin und her schwingen.

Insektengebrummel

Faltet ein Stück Papier, malt ein Insekt darauf (es kann gefährlich aussehen, witzig sein, einfarbig oder grellbunt, einem echten Insekt ähnlich sein oder ein Fantasietier sein, das ist alles euch überlassen) und schneidet es aus. Ehe ihr die beiden Seiten zusammenklebt, legt ihr in den Falz ein etwa 15 cm langes Schaschlikspießchen so hinein, daß die Spitzen etwa 2 cm herausschauen. Von einem Korken schneidet ihr vorsichtig eine etwa 1 cm dicke Scheibe ab und halbiert sie.
Die Spitzen des Schaschlikspießchens steckt ihr in die beiden Korkteile. Nun schneidet ihr aus einem Luftballon einen Streifen so ab, daß ihr ihn über die beiden Korkteile spannen könnt.
Am Kopf eures Brumm-Insekts befestigt ihr eine Schnur, und an der könnt ihr es kräftig herumschleudern. Welche Töne sind zu hören?

Papierkugel-Papagei

Zuerst zeichnen wir den Umriß eines Papageis auf grünes Tonpapier oder auf Plakatkarton. Wer nicht so gut malen kann, sollte zuerst eine Schablone anfertigen, und diese Schablone auf das grüne Tonpapier auflegen, nachzeichnen etc. Nun reißen wir buntes Seiden- oder Krepp-Papier in kleine Stücke und kneten sie zu vielen kleinen Kügelchen. Diese werden dann sehr eng aneinanderliegend auf die Papageienschablone aufgeklebt, bis ein prächtig bunter Papagei entstanden ist. Am besten immer ein paar Kügelchen vorbereiten, auf eine Klebefläche draufstreuen und festdrücken.
Wenn ihr Lust habt, könnt ihr eure Werke auch zu einem Bildteppich zusammenstellen. Oder ein richtiges Regenwald-Bild kleben: viele Kügelchen in verschiedenen Grüntönen für die Bäume und Pflanzen und dazwischen bunte Blüten, Vögel usw.

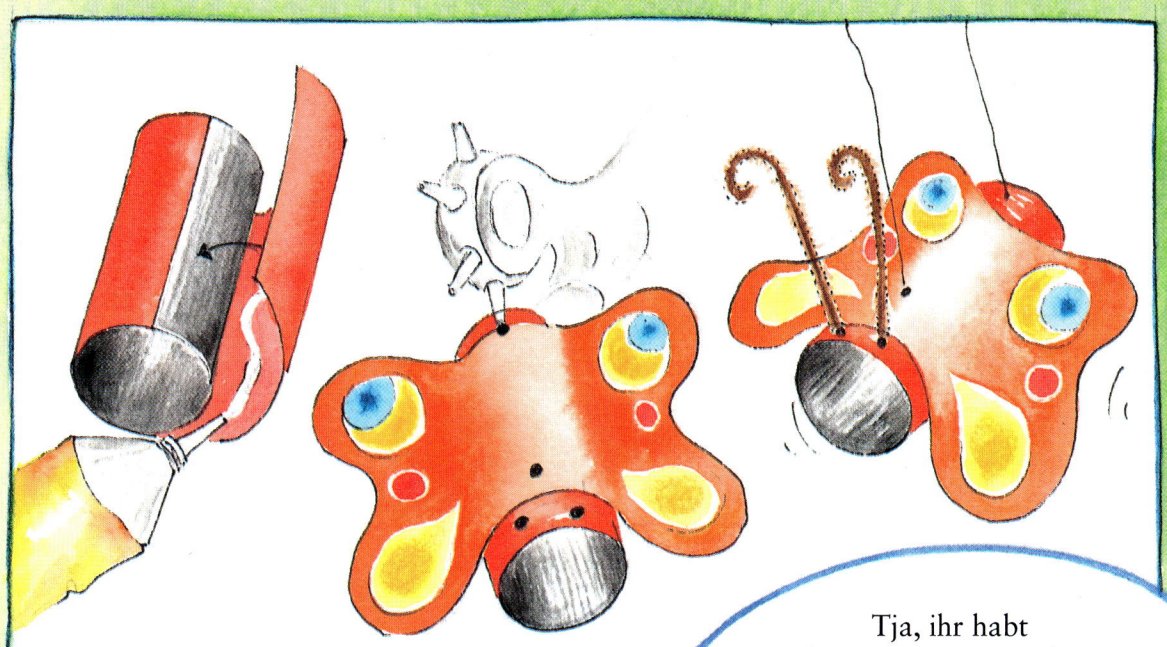

Schaukelschmetterling

Zunächst beklebt ihr eine leere Klopapierrolle mit Buntpapier. Dann malt ihr auf ein Stück Pappe eine Schmetterlingsform, schneidet sie aus und beklebt sie beidseitig mit Buntpapier. Den einfarbigen Untergrund verziert ihr mit bunten Mustern. Diese Flügel klebt ihr auf den vorbereiteten „Körper" und biegt sie ein wenig nach unten. Ganz vorne an Klorolle stanzt oder bohrt ihr nun neben zwei Löcher, durch die kleiner gen Pfeifenput ler könnt bohrt oder sta öcher, und zwar hin sterlingsrücken. nen langen Wollfade und Endlich könnt ihr den Schme aufhängen. Wenn sich mehrere bunte „Flieger" in verschiedenen Höhen tummeln, sieht das besonders malerisch aus.

Tja, ihr habt vorhin gefragt, wie es denn so sei im Regenwald, jetzt könnt ihr's euch vielleicht ein bißchen besser vorstellen. Sehr traurig finden wir, daß täglich weite Teile davon abgeholzt werden. Und das, obwohl der Regenwald ausgesprochen wichtig für das Klima ist. Die Menschen, die das tun, können wir wirklich nicht verstehen.

95

Höhlen zum Bauen und Spielen

„Was auch immer herrlich ist, gerade bei nicht so schönem Wetter, ist das Bauen von Höhlen", überlegt Trops. „Obwohl gerade uns keiner da drin haben will", wirft Trips ein, „Höhlen sollen nicht naß oder feucht sein, sondern schön warm und kuschelig. Da könnten wir manchmal richtig neidisch werden. Aber ihr Menschenkinder habt da doch alle Möglichkeiten."

Höhlenmenschen

Stellt Stühle so auf, daß man Decken und Tücher drüber hängen kann. Befestigt sie mit Wäscheklammern, falls sie von selbst nicht halten. Sorgt nun für einen schönen Höhleneingang. Vielleicht nehmt ihr euch Kissen und Taschenlampen mit, vielleicht auch eine kleine Höhlenmahlzeit.

Raus und rein

Jedes Kind baut sich eine Höhle und verkriecht sich. Auf ein bestimmtes Kommando verläßt es die Höhle, z. B. um Futter zu holen. Wer sitzt als erstes wieder in seiner Höhle, ohne diese zum Einsturz zu bringen?
Weiter Kommandos können sein:
Lauf einmal um alle Höhlen herum!
Hol dir ein Kissen von der Couch!
Lauf zur Nachbarhöhle und zurück!

Wer ist es?

Alle Kinder sitzen im Kreis um eine dicke Wolldecke herum. Ein Kind darf vor die Türe gehen. Unterdessen legt sich ein Kind unter die Decke. Alle Kinder im Kreis wechseln ihre Plätze. Dann darf das Kind wieder hereinkommen. Wer ist es nun, der da unter der Decke liegt?

Der Winterschlaf ist aus!

Ein Kind, der Bär, liegt unter dem Tisch und schnarcht laut. Die anderen Kinder wollen ihn herauslocken und rufen: „Bär, Bär komm heraus, der Winterschlaf ist aus!" Der Bär aber rührt sich nicht. Die Kinder schleichen sich der Höhle immer ein Stück näher. Und plötzlich ist der Bär aufgewacht und schnappt sich ein Kind. Das ist nun der Bär.

Wer weiß etwas?

Welche Tiere leben in Höhlen - unter der Erde, in Bäumen...? Was brauchen sie zum Leben, wie schützen sie sich gegen Regen und Kälte? Daraus kann man ein schönes Pantomimen- und Ratespiel machen. Ein Kind denkt sich ein Tier aus, das in einer Höhle lebt und stellt es pantomimisch dar. Wenn das Tier nicht gleich erraten wird, dürfen die anderen Kinder Fragen stellen, die nur mit „Ja" oder „Nein" zu beantworten sind.

Eine Höhle ist genug
oder
Der nächste Winter kommt
bestimmt

Die Spechtfrau flog vor Freude zickzack.
Der Winter war vorüber, die Sonne schien,
und sie hatte ihren Wald wiedergefunden.
Hier hatten sie den letzten Sommer ver-
bracht, da war sie ganz sicher. Und dort
hinten, da stand auch schon die alte Buche.
Sie wollte gleich nachsehen, ob es nach dem
langen Winter etwas zu reparieren gab.
Auf dem schnellsten Weg flog sie zum
Höhleneingang.
Doch plötzlich stutzte sie. Die Baumhöhle
war nicht leer. Zwei merkwürdige Tiere
blickten ihr entgegen.
„Was soll denn das?" polterte die Spechtfrau los. „Was machen Sie in unserer Wohnung? Und wer sind Sie überhaupt?"
„Gestatten", antwortete eines der Tiere,
„Gelbhalsmaus ist unser Name. Ein
bißchen lang, ich weiß. Aber man gewöhnt
sich daran. Das ist übrigens meine Frau."
„Was wir hier machen?" mischte sich die
ein. „Wir wohnen hier. Wir haben hier den
Winter verbracht."
„Ach nein", sagte die Spechtfrau und
klopfte vorwurfsvoll gegen die Rinde,
„einfach in einer fremden Wohnung?"
„Die Höhle war leer", sagten Gelbhals-
mausmann und Gelbhalsmausfrau. „Wir
suchten dringend eine Bleibe. Wir konnten
doch nicht wissen, daß Sie wiederkommen."
„Mag sein", sagte die Spechtfrau, „das
konnten Sie nicht wissen. Aber wir haben
uns letztes Jahr so viel Arbeit gemacht mit
dieser Höhle. Tagelang geklopft und
gehämmert. Und unsere Jungen sind hier

ausgeschlüpft. An so was hängt man doch."
„Mag sein", sagte nun die Gelbhalsmausfrau, „aber wir haben uns auch viel Arbeit
gemacht. Wir haben tagelang Winter-
vorräte in die Höhle geschleppt."
Sie zögerte kurz.
„Und wir haben einen herrlichen Winter
hier verbracht. In Ihrer Höhle. Dafür sind
wir sehr dankbar. Aber – wo waren Sie eigentlich in der Zwischenzeit?"
„Wir?" Die Spechtfrau hämmerte verlegen
gegen das Holz. Wer sich bedankte, dem
konnte man doch nicht böse sein.
„Wir waren unterwegs. Das sind wir immer
im Winter. Aber im Frühling brauchen wir
wieder eine Höhle. Zum Brüten und so."
„Siehst du, hab ich doch gleich gesagt",
sagte die Gelbhalsmausfrau spitz, „daß wir
hier nicht für alle Zeiten bleiben können."
„Für alle Zeiten nicht, da haben Sie schon
recht, aber...", die Spechtfrau überlegte eine
Weile, „aber für alle Winter. Spricht doch
eigentlich nichts gegen eine solche Wohnung mit gemischter Nutzung."
„Eigentlich nicht!" grinste der Gelbhals-
mausmann erleichtert.
„Und wie ich immer sage: Der nächste
Winter kommt bestimmt."

Heidemarie Brosche

Die Geschichte nachspielen

Baut zuerst eine Höhle, verteilt dann die Rollen und auf geht's. Wenn ihr mehr als drei Kinder seid, wechselt immer wieder ab. Der Rest ist das Publikum.

Wir basteln eine kleine Höhle

Aus Wellpappe, Holzstückchen, Zweiglein, Moos und Naturwolle gestalten wir eine kleine, kuschelige Höhle. Hier können bereits vorhandene Spieltiere ihren Winterschlaf abhalten. Oder aber wir basteln selbst z. B. kleine Mäuse aus Walnußschalen, kleine Vögel aus Papier, Fantasietiere aus Kieselsteinen usw. Ihr seid bestimmt sehr erfinderisch, wenn ihr erst mal mit dem Basteln angefangen habt.

In meiner Höhle

Zuerst setzt ihr euch in einen Kreis und erzählt von „Höhlenerlebnissen". Dann überlegt ihr gemeinsam, wie ihr mit Decken eine Höhle bauen könnt: man kann sich einfach alleine unter eine Decke setzen, mehrere Stühle zusammenrücken, darüber Decken hängen und so eine größere Höhle bauen, eine Decke über einen Stuhl hängen und unter den Sitz schlüpfen. Nun entscheidet sich jeder für seine Art „Höhle". Wenn das Bauen beendet ist, kriechen alle in die Höhlen, ganz wie sie wollen, d. h. alleine, zu zweit oder zu mehreren. Wie fühlt ihr euch nun in der Dunkelheit der Höhle? Könnt ihr etwas erkennen? Welche Geräusche verursacht ihr selbst, was gibt es von draußen zu hören? Wenn ihr keine Lust mehr habt, in den Höhlen zu sitzen, setzt euch wieder in den Kreis und erzählt von euren Höhleneindrücken und -gefühlen. Wenn ihr Lust habt, könnt ihr eure Höhle auch malen.

Spinnennetz

Auch mit Schnüren oder Seilen kann man sich eine Art Höhle bauen. Man spannt (in einem Zimmer, das nicht sofort benötigt wird!) einfach Schnüre kreuz und quer durch das Zimmer, z. B. von Stuhlfuß zu Stuhlfuß. Man hat nun ein wunderbares Spinnennetz. Wenn man dieses nun auch noch mit Tüchern zudeckt, ist die Höhle perfekt.

100

Die Bärenhöhle

Tobi wacht auf.
Er will zur Bärenhöhle. Sie haben gestern ein Bärenfest gefeiert. Mit lauter Polstern. Er will gleich weiterspielen. Er freut sich so! Er öffnet die Tür zum Kinderzimmer. Die Bärenhöhle ist weg. Kein Polster mehr am Boden. Das ganze Zimmer leer.
„Meine Bärenhöhle ist nicht mehr da", schreit Tobi.

Er rennt zu Mama in die Küche.
„Meine Bärenhöhle ist nicht mehr da", schreit Tobi.
„Zieh erst mal deine Hausschuhe an", sagt Mama und stellt Teller auf den Tisch.
„Meine Bärenhöhle ist nicht mehr da", schreit Tobi lauter.
„Deine Bärenhöhle?" fragt Mama und holt etwas aus dem Kühlschrank. „Welche Bärenhöhle?"
„Im Kinderzimmer!" schreit Tobi ganz laut und stampft mit den Füßen. „Die mit den Polstern."
„Ach das?" sagt Mama.
„Das war eine Bärenhöhle?" lacht Mama. „Ich hab die Polster gestern abend weggeräumt."
„Warum?" brüllt Tobi. „Du bist gemein. Du sollst nicht lachen. Und du sollst mein Zeug nicht kaputtmachen. Ich darf deine Sachen auch nicht kaputtmachen."
„Ich wußte nicht, daß es eine Bärenhöhle war", sagt Mama.
„Du hättest mich fragen sollen", heult Tobi.
„Du hättest mir's sagen sollen", sagt Mama. „Ich hab nur aufgeräumt. Weil du nie aufräumst."
„Das war auch nichts zum Aufräumen", weint Tobi. „Das war eine Bärenhöhle."
Mama schaut Tobi an.
„Tut mir echt leid, kleiner Bär. Aber warum baust du dir eigentlich keine neue Höhle? Wenn du Lust hast, helfe ich dir nach dem Frühstück."

Heidemarie Brosche

Wie schrecklich, ein Gewitter!

Ich bin der Raffael. Ich gehe in dieselbe Klasse wie der Burhan und der Mani und der Chris. Und der Edi. Der Edi ist groß und stark. Den hätte ich gerne zum Freund. Aber der Edi spielt lieber mit dem Burhan und dem Mani und dem Chris.
Weil der Burhan und der Mani und der Chris tolle Kerle sind.
Die spielen Fußball.
Und sind manchmal richtig wild.
Und haben nie Angst.
Ich spiele nicht Fußball.
Und wild bin ich auch nicht.
Eher ruhig.
Und manchmal hab ich Angst.
Ein bißchen Angst oder schrecklich viel Angst. Ich hab Angst, daß ich mir weh tue. Beim Fußball oder so. Ich hab Angt vor Hunden.
Ich hab Angst, vom Dreimeterbrett zu springen.
Ich hab Angst, wenn es dunkel ist.
Ich hab Angst, wenn ich komische Geräusche höre.
Ich hab Angst, daß nachts ein Wolf in mein Zimmer kommt.
Ich hab Angst, wenn ich alleine bin.
Ich hab Angst, daß Mama was passiert.
Ich hab Angst, daß mich die anderen auslachen, weil ich so ängstlich bin.
Die großen Leute sagen: „Du brauchst doch keine Angst zu haben." Aber das hilft nichts. Ich hab trotzdem Angst.
Angst haben ist scheußlich.
Wenn ich Angst habe, komme ich mir ganz klein vor und ganz schwach.
Und hätte gerne einen starken Freund.
Aber der Edi will nicht mit mir spielen.
Wollte nicht mit mir spielen. Bis heute.

Heute ist nämlich alles anders. Der Edi hat sich in der Pause mit dem Burhan zerstritten. Da wollte er nicht mehr mit ihm spielen. Und der Mani ist krank.
Er hat Windpocken. Die sind ansteckend. Da durfte der Edi nicht mit ihm spielen. Und der Chris mußte am Nachmittag mit seinen Eltern wegfahren.
Da konnte der Edi nicht mit ihm spielen. Da war ich ganz mutig und hab den Edi gefragt, ob er zu mir kommen will.
Und er hat ja gesagt. Und er ist wirklich gekommen. Wir spielen jetzt schon den ganzen Nachmittag. Ritter und Indianer und Piraten und so. Ich fühl mich gar nicht klein und schwach. Und der Edi ist sehr nett zu mir. Er hat gesagt, daß er meine Drachenburg toll findet. Und mein Piratenbuch. Und meine Spielzeugindianer.
Jetzt fängt es plötzlich zu donnern an. Ganz laut. Und zu blitzen. Ganz hell.
Ich sage: „Oh, ein Gewitter!" und lasse den Blitz in die Drachenburg einschlagen.
Der Edi aber springt auf. Ganz komisch schaut er. Irgendwie so anders als sonst.
„Ich will heim", sagt er, „schnell, ich will zu meiner Mama."
Immer wieder. Ich glaube, der hat Angst. Das hätte ich nie gedacht.
Daß d e r Angst hat. Daß der auch vor irgendwas Angst hat. Vielleicht haben ja alle vor irgendwas Angst.
Vielleicht ist Angst haben gar nicht so schlimm.
Ich glaub, i c h ... Ich glaub, i c h hab schon gar nicht mehr so viel Angst.

Heidemarie Brosche

Fallschirmspringer

Sucht euch zuerst eine Figur, die zum Fall-schirmspringer werden kann. Dies kann ein Halmamännchen oder auch eine etwas größere Spielfigur sein. Nehmt nun ein Stück Plastikfolie oder schneidet einfach aus einer alten Plastiktüte ein Viereck aus, etwa 10 cm mal 10 cm oder einfach so, daß sie von der Größe her zum Springer paßt. In allen vier Ecken macht ihr ein Loch, am besten wieder mit dem Locher. Paßt aber auf, daß die Löcher nicht zu nah am Rand sind, sonst reißen sie leicht aus. In jedes dieser Löcher knotet ihr einen Faden. Diese Fäden sollten nun in gleicher Länge an deinem Männchen festgebunden werden. Nun kann der Fallschirmspringer in Aktion treten. Werft ihn in die Luft, und laßt ihn zu Boden gleiten. Oder laßt ihn von ir-gendwo oben niederschweben, z. B. vom Balkon nach unten. Beobachtet, welche Rolle der Wind da spielt! Anstelle der Pla-stikfolie kann man auch eine Papierser-viette, anstelle des Männchens auch eine Eichel verwenden, an der die Fäden dann halt festgeklebt werden. Wenn ihr Lust habt, könnt ihr noch ein kleines Spiel anschließen: Erst wird ein Landeplatz im Zimmer markiert, z. B. mit einem Seil oder mit Bausteinen. Nun versuchen alle nach-einander (oder auch gleichzeitig), ihre Fall-schirme an der richtigen Stelle landen zu lassen.

Kleiner Drachen

Eine ganz einfache Bastelarbeit! Aus Ton-papier schneiden wir uns ein Viereck aus, das die Form eines Drachens hat. In die un-tere (spitze) Ecke machen wir ein Loch. Am schönsten wird das übrigens mit dem Lo-cher. Nun schneiden wir uns kleine Streifen aus verschiedenfarbigem Transparentpapier und drehen diese in der Mitte, so daß sie aussehen wie kleine Schleifen. Diese „Schleifchen" knoten wir in regelmäßigen Abständen an einer Schnur fest. Wer ganz sichergehen möchte, kann auch noch einen Tropfen Klebstoff draufgeben. Die mit Schleifchen geschmückte Schnur nun noch in dem Loch im Drachen festknüpfen, und fertig ist ein hübscher Zimmerschmuck. Wer Lust hat, kann dem Drachen natürlich auch noch ein Gesicht aufmalen.

Wer macht den stärksten Wind?

Jedes Kind erhält einen Strohhalm. Mit Kreide wird eine Linie auf dem Tisch gezogen. Nun bildet ihr zwei Parteien. Zum Spielbeginn wird eine Wattekugel auf die Linie gelegt. Jede Partei muß nun versuchen, diese Wattekugel auf die gegnerische Seite zu pusten. Pro Spiel werden 3 – 4 Minuten festgesetzt. Gewonnen hat die Partei, die die Wattekugel die meisten Male auf die gegnerische Seite pusten konnte.

Farbe pusten

Du brauchst einen Trinkhalm, ein Blatt Zeichenpapier und Wasserfarben. Tropfe nun einen schönen, farbigen Klecks auf das Blatt. Mit dem Trinkhalm pustest du in die Farbe hinein. Du wirst sehen, welch schöne Spuren und Muster du erzielen kannst. Wenn alles verpustet ist, fängst du entweder ein neues Bild an oder fügst dem alten Klecks noch einen andersfarbigen hinzu. Und nun wieder fröhliches Pusten!

Windbeutel

Weider ein Rezept, das nicht kompliziert ist, aber bei dem ein Erwachsener helfen sollte. ¼ Liter Wasser, 50 Gramm Butter oder Margarine und 1 Prise Salz zum Kochen bringen und vom Herd nehmen. 150 Gramm Mehl auf einmal in die kochende heiße Flüssigkeit schütten und glattrühren. Nun den Topf wieder auf den Herd stellen und bei mäßiger Hitze so lange rühren, bis sich ein Kloß bildet und am Topfboden eine weiße Haut absetzt. Den Topf vom Herd nehmen. Nach und nach 4 große, verquirlte Eier unter den heißen Kloß rühren. Wichtig ist, daß der Teig glatt und glänzend ist und in Spitzen am Löffel hängt. Von diesem frisch zubereiteten Brandteig werden mit 2 Teelöffeln kleine Häufchen in weiten Abständen auf ein gefettetes und gemehltes Backblech gesetzt. In der vorgeheizten Röhre bei 220 Grad 30 Minuten backen. Die Windbeutel noch warm waagerecht durchschneiden und auskühlen lassen. Und nun gibt es verschiedene leckere Möglichkeiten, die Windbeutel zu füllen. Die einfachste: Gesüßte Sahne rein, Deckel drauf, mit Puderzucker bestreuen und fertig! Man kann sie aber auch mit süßer oder salziger Creme aus Quark oder Frischkäse füllen.

Oder man macht herrliche Schoko-Windbeutel. Für die Füllung einen halben Becher Sahne in einen Topf geben, 150 Gramm geraspelte dunkle Schokolade mit der Sahne erhitzen und schmelzen lassen. 1 Päckchen Sahnesteif, 1 Eßlöffel Zucker und ein Päckchen Vanillinzucker vermischen und mit der restlichen Hälfte der Sahne steif schlagen. Die geschlagene Sahne vorsichtig unter die Schokosahne heben und die Masse mit Hilfe eines Spritzbeutels in die Windbeutel füllen. Nun nur noch die Deckel mit Schokoladenglasur überziehen.

Finger-Sprechspiel

Wenn die weißen Flocken fallen,
(Finger bewegen sich wie Schneefall)
bleib ich nicht zu Haus.
(Kind „macht" mit beiden Handflächen ein
spitzes Dach auf dem Kopf)
Hol den Schlitten aus dem Keller,
(Hände immer übereinander wie Treppe)
geh mit ihm hinaus.
Zieh den großen Berg hinauf,
(eine Hand wandert auf dem anderen Arm
nach oben zur Schulter)
hör nur, wie ich dabei schnauf.
(Kind schnauft laut zweimal)
Aber wenn ich abwärts sause,
durch die weißen Flocken brause,
(die eine Hand saust auf dem andern Arm
ganz schnell herunter)
ruf ich laut: Juchhei, juchhe,
(beide Arme schwingen in einem großen
Kreis)
welchen Spaß macht mir der Schnee!

Winter-Experimente

Wir machen selbst Eis

Wir füllen Wasser in ein geeignetes Gefäß
und stellen es für einige Stunden in das Gefrierfach des Kühlschranks. Wie lange dauert es, bis aus Wasser Eis wird? Ihr könnt
euch so natürlich Eiswürfelchen machen
oder auch andere Formen.

Eiskugeln blasen

Eine Schale mit Seifenlauge stellt ihr so
lange in das Gefrierfach des Kühlschranks,
bis sich auf der Oberfläche die ersten Eis-
kristalle bilden. Achtung: Nicht ständig den
Kühlschrank aufreißen, das kostet sehr viel
Strom! Nun tunkt ihr einen Trinkhalm in
die Schale und blast Seifenblasen. Sofort
werden sie zu festen Kugeln. Auf dunkle
Pappe gelegt, könnt ihr beobachten, wie
sich auf der Oberfläche Eisblumen bilden.

Getupftes Schneebild

Stell dir vor, es ist ein kalter, aber sonniger
Wintertag. Der Himmel ist blau, der Boden
schneebedeckt. Und nun fängt es an zu
schneien. Male also zuerst den Untergrund: Weiß für den Boden und viel Blau
für Luft und Himmel. Und nun tauchst du
deine Finger in weiße Farbe und „stem-
pelst" das Blatt mit Schneeflocken voll.
Wenn du Lust hast, kannst du ja auch noch
einen Schneemann dazu malen.

„Schneebedeckter" Zweig

5 Stück Kernseife werden über Nacht in
5 Liter Wasser eingeweicht. Am nächsten
Morgen schlägt man das Eingeweichte
mit den Händen zu steifem Schnee. Ist die
Masse zu wäßrig, kann man noch Seife
zugeben. Ist die Masse fest genug, kann
man sie auf einen dürren Ast streichen,
d. h. mit Schnee bedecken.

Schneekristalle

Wir schneiden uns weißes Papier zu
15 × 15 cm großen Quadraten. Nun falten
wir ein Quadrat Spitze auf Spitze zu einem
Dreieck. Exakt falten wir wieder Spitze auf
Spitze und dann noch einmal Spitze auf
Spitze, so daß ein kleines Dreieck entsteht.
Wir drehen es so, daß die Seite, an der das
Papier nicht zusammenhängt, gerade vor
uns liegt.
Das Muster unserer Schneeflocke können
wir vorzeichnen oder auch gleich nach Ge-
fühl schneiden. Wichtig ist, daß wir schöne
„Strahlen" erhalten. Dann falten wir die
Flocke auseinander, kleben sie auf weißes
Seidenpapier und schneiden das über-
stehende Seidenpapier ab.

Die Größen der Schneekristalle variieren,
wenn man kleinere oder größere Quadrate
hernimmt. So können wir uns eine Vielzahl
ganz unterschiedlicher Schneekristalle fertigen, die wir dann vorsichtig mit Klebstreifen am Fenster befestigen.

Schneewolken

Auf einen weißen Karton zeichnet ihr euch
Wolken auf, deren untere Linie gerade und
etwa 30 cm lang ist und schneidet sie aus.
Dann schneidet ihr von weißer Nähseide
Fäden in verschiedener Länge ab, ca. 5–7
Stück. Aus ganz normaler weißer Watte
zupft ihr euch einzelne Flocken. Nun fädelt
ihr sie mit einem der Fäden auf. Achtung:
Unten erst knoten! Die erste Flocke schiebt
ihr bis zum Knoten, die weiteren verteilt ihr
auf dem Faden. Mit der Nadel stecht ihr in
die glatte Unterseite der Wolke und knotet
den Faden dort fest. In dieser Art bringt ihr
etwa 5–7 Schneeflockenfäden an der Wolke
an. Damit ihr die Wolke an der Decke mit
Reißzwecken vorsichtig aufhängen könnt,
zieht ihr durch die Wolkenoberseite noch
2 Fäden. Besonders schön sieht es aus,
wenn verschiedene Schneewolken in verschiedenen Höhen von der Decke hängen.
Ihr könnt aber auch einfach Wattebällchen
auf Fäden ziehen und diese dann direkt ans
Fenster hängen.

Bild-Rätsel

Verschiedene Schlittschuhspuren im Eis,
verschiedene Kinder.
„Wo ist Lena losgefahren?"

Im Reich der Märchen

Märchen spielen

Wenn ihr zu mehreren seid, könnt ihr euch in einige kleinere Gruppen aufteilen. Jede Gruppe zieht sich zurück und entscheidet sich schließlich für ein bestimmtes Märchen. Welche Rollen müssen besetzt werden? Wie kann man sich passend verkleiden? Welches „Bühnenbild", welche Kulissen braucht man? Oft reichen schon ein paar Stühle und ein bißchen Verkleidung. Dann probt ihr euer Stück. Und schließlich führt jede Gruppe ihr Märchen den anderen vor. Die Zuschauer müssen raten. Die Gruppe, die als erste den Namen des Märchens errät, ist als nächste dran.

Bremer Stadtmusikanten

Die vier Bremer Stadtmusikanten machten ja alle eine ganz typische Musik: ia, ia, wau wau, miau, kikeriki. Natürlich findet ihr noch viel mehr solcher Musikanten, vielleicht Schaf, Ziege, Kuh usw. Bei unserem Spiel bildet ihr zuerst Paare. Dann überlegt sich jedes Paar ein Tier, das man leicht an seiner „Musik" erkennen kann. Alle verteilen sich im Raum und bewegen sich vorsichtig mit geschlossenen Augen. Welches Paar findet sich anhand seiner Laute am schnellsten wieder?

Märchen-Kuddelmuddel

Rotpunzel
Sternkäppchen
Dornwittchen
Schneestilzchen
Aschenröschen
Froschbrödel
Rumpeltaler
Rakönig

Wie heißen die Märchen wirklich?

111

Stabpuppen

Bierdeckel werden zunächst so gründlich übermalt, daß man den Aufdruck nicht mehr sieht. Dann klebt oder malt man Gesichter drauf und vervollständigt sie durch Haare aus Wollfäden oder Plüschresten und passende Kopfbedeckungen. Auf die Rückseite des Bierdeckels klebt man einen (Vierkant-)Stab, zur Not auch einen alten Kochlöffel. Wenn man ganz sicher gehen will, daß die Stabpuppe stabil ist, sollte man den Stab zusätzlich mit einem kleinen Nagel befestigen. Nun hüllt man um den Stab einen oder mehrere Stoffreste, so daß sie zur Rolle der Puppe passen. Auf diese Art kann man sich eine Reihe von Märchenfiguren basteln, mit denen sich Theater spielen läßt.

Wir bauen Märchentürme

In Märchen wie Dornröschen und Rapunzel spielen Türme eine Rolle. Wir wollen uns selbst ein paar märchenhafte Türme bauen. Wir schneiden Versandhausrollen in verschieden lange Stücke. Dabei sollte ein Erwachsener helfen. Diese Türme malen wir bunt an oder bekleben sie mit Bunt- oder Glanzpapier. In die Türme schneiden wir Fenster und Türen. Wieder helfen lassen! Dahinter kleben wir Transparentpapier. Aus Tonpapier oder -karton schneiden wir Halbkreise und in diese wiederum Sterne und vielleicht den Mond. Die Halbkreise kleben wir zusammen und dann als Dächer auf die Türme. Zum Schluß stellen wir ein Teelicht hinein und lassen es aus dem Turm geheimnisvoll leuchten.

Ja - Nein

Alle stellen abwechselnd einem Spieler Fragen zu allen möglichen Märchen, z. B. „Wer hat die Hexe in den Ofen geschoben?" oder „Hat Rapunzel kurze Haare?" Der gefragte Spieler darf nun auf alle ihm gestellten Fragen nur abwechselnd (!) „Ja!" und „Nein!" antworten. Macht er einen Fehler, kommt das nächste Kind dran. Versucht das ruhig auch mal mit euren Eltern! Wie lange die wohl durchhalten?

Rapunzels Zopf flechten

Im Märchen „Rapunzel" hat die Hauptfigur wunderschönes langes Haar, das sie zu Zöpfen geflochten trägt. In unserem Spiel erhalten immer zwei Kinder zusammen neun Wollfäden in gleicher Länge. Ihre Aufgabe ist es, in einer bestimmten Zeit (z. B. 2 Minuten, je nach Wollfadenlänge kann man auch eine längere Zeit festsetzen) die Wollfäden ganz oben(!) zu verknoten, sie in Dreierbündel zusammenzufassen und daraus einen möglichst langen Zopf zu flechten. Welches Paar hat nach Ablauf der vereinbarten Zeit den längsten Zopf?

Schattentheater

Verdunkelt ein Zimmer so, daß ihr mit Hilfe einer Stehlampe oder eines Punktstrahlers auf die Wand ein Schattentheater zaubern könnt. Dann probiert ihr erst einmal so alles mögliche aus: Wie sieht der eigene Kopf als Schatten aus, wie die Füße, was läßt sich mit den Händen alles machen? Versucht doch mal, den bösen Wolf sein Maul aufreißen zu lassen, als Aschenputtels Taube davonzufliegen oder als Froschkönig am Brunnenrand zu sitzen.

Falsch!

Ein Kind (oder ein Erwachsener) erzählt den anderen ein Märchen. Gelegentlich stimmt da aber etwas nicht. Wenn in der Erzählung z. B. der Küchenjunge anstelle des Königssohnes das Dornröschen wachküßt, muß „Falsch!" geschrien werden. Wer jeweils als erster „Falsch!" schreit, darf nun selbst erzählen.

113

Das Wasser des Lebens

Es war einmal ein König, der war krank, und niemand glaubte, daß er mit dem Leben davonkäme. Er hatte aber drei Söhne, die waren darüber betrübt, gingen hinunter in den Schloßgarten und weinten. Da begegnete ihnen ein alter Mann, der fragte sie nach ihrem Kummer. Sie sagten ihm, ihr Vater wäre so krank, daß er wohl sterben würde, denn es wollte ihm nichts helfen. Da sprach der Alte: „Ich weiß ein Mittel, das ist das Wasser des Lebens, wenn er davon trinkt, so wird er wieder gesund: es ist aber schwer zu finden." Der älteste sagte: „Ich will es schon finden", ging zum kranken König und bat ihn, er möchte ihm erlauben auszuziehen, um das Wasser des Lebens zu suchen, denn das könnte ihn allein heilen. „Nein", sprach der König, „die Gefahr dabei ist zu groß, lieber will ich sterben." Er bat aber so lange, bis der König einwilligte. Der Prinz dachte in seinem Herzen: „Bringe ich das Wasser, so bin ich meinem Vater der Liebste und erbe das Reich." Also machte er sich auf, und als er eine Zeitlang fortgeritten war, stand da ein Zwerg auf dem Wege, der rief ihn an und sprach: „Wo hinaus so geschwind?" „Dummer Knirps", sagte der Prinz ganz stolz, „das brauchst du nicht zu wissen", und ritt weiter. Das kleine Männchen aber war zornig geworden und hatte einen bösen Wunsch gesprochen. Der Prinz geriet bald danach in eine Bergschlucht, und je weiter er ritt, je enger taten sich die Berge zusammen, und endlich war der Weg so eng, daß er keinen Schritt weiter konnte; es war

nicht möglich, das Pferd zu wenden oder aus dem Sattel zu steigen, und er saß da wie eingesperrt. Der kranke König wartete lange Zeit auf ihn, aber er kam nicht. Da sagte der zweite Sohn: „Vater, laßt mich ausziehen und das Wasser suchen", und dachte bei sich: „Ist mein Bruder tot, so fällt das Reich mir zu." Der König wollt ihn anfangs auch nicht ziehen lassen, endlich gab er nach. Der Prinz zog also auf demselben Weg fort, den sein Bruder eingeschlagen hatte, und begegnete auch dem Zwerg, der ihn anhielt und fragte, wohin er so eilig wollte. „Kleiner Knirps", sagte der Prinz, „das brauchst du nicht zu wissen", und ritt fort, ohne sich weiter umzusehen. Aber der Zwerg verwünschte ihn, und er geriet wie der andere in eine Bergschlucht und konnte nicht vorwärts und rückwärts. So geht's aber den Hochmütigen.
Als auch der zweite Sohn ausblieb, so erbot sich der jüngste, auszuziehen und das Wasser zu holen, und der König mußte ihn endlich ziehen lassen. Als er dem Zwerg begegnete und dieser fragte, wohin er so eilig wolle, so hielt er an, gab ihm Rede und Antwort und sagte: „Ich suche das Wasser des Lebens, denn mein Vater ist sterbenskrank." „Weißt du auch, wo das zu finden ist?" „Nein", sagte der Prinz. „Weil du dich betragen hast, wie sich's geziemt, nicht übermütig wie deine falschen Brüder, so will ich dir Auskunft geben und dir sagen, wie du zu dem Wasser des Lebens gelangst. Es quillt aus einem Brunnen im Hofe eines verwünschten Schlosses, aber du dringst

nicht hinein, wenn ich dir nicht eine eiserne Rute gebe und zwei Brote. Mit der Rute schlage dreimal an das eiserne Tor des Schlosses, so wird es aufspringen. Drinnen liegen zwei Löwen, die den Rachen aufsperren, wenn du aber jedem ein Brot hinwirfst, so werden sie still, und dann eile dich, hol·von dem Wasser des Lebens, bevor es zwölf schlägt, sonst schlägt das Tor wieder zu und du bist eingesperrt." Der Prinz dankte ihm, nahm die Rute und das Brot, und machte sich auf den Weg. Und als er anlangte, war alles so, wie der Zwerg gesagt hatte. Das Tor sprang beim dritten Rutenschlag auf, und als er die Löwen mit dem Brot besänftigt hatte, trat er in das Schloß und kam in einen großen schönen Saal: Darin saßen verwünschte Prinzen, denen zog er die Ringe vom Finger, dann lag da ein Schwert und ein Brot, das nahm er weg. Und weiter kam er in ein Zimmer, darin stand eine schöne Jungfrau, die freute sich, als sie ihn sah, küßte ihn und sagte, er hätte sie erlöst und sollte ihr ganzes Reich haben, und wenn er in einem Jahr wiederkäme, so sollte ihre Hochzeit gefeiert werden. Dann sagte sie ihm auch, wo der Brunnen wäre mit dem Lebenswasser, er müßte sich aber eilen und daraus schöpfen, eh es zwölf schlüge. Da ging er weiter und kam endlich in ein Zimmer, wo ein schönes frischgedecktes Bett stand, und weil er müde war, wollte er erst ein wenig ausruhen. Also legte·er sich und schlief ein. Als er erwachte, schlug es dreiviertel zwölf. Da sprang er ganz erschrocken auf, lief zu dem Brunnen und schöpfte daraus mit einem Becher, der daneben stand, und eilte, daß er fortkam. Wie er eben zum eisernen Tor hinausging, da schlug's zwölf, und das Tor schlug so heftig zu, daß es ihm noch ein Stück von der Ferse wegnahm.

Er aber war froh, daß er das Wasser des Lebens erlangt hatte, ging heimwärts und kam wieder an dem Zwerg vorbei. Als dieser das Schwert und das Brot sah, sprach er: „Damit hast du großes Gut gewonnen, mit dem Schwert kannst du ganze Heere schlagen, das Brot aber wird niemals alle." Der Prinz wollte ohne seine Brüder nicht zu dem Vater nach Hause kommen und sprach: „Lieber Zwerg, kannst du mir nicht sagen, wo meine zwei Brüder sind? Sie sind früher als ich nach dem Wasser des Lebens ausgezogen und sind nicht wiedergekommen." „Zwischen zwei Bergen stecken sie eingeschlossen", sprach der Zwerg, „dahin habe ich sie verwünscht, weil sie so übermütig waren." Da bat der Prinz so lange, bis der Zwerg sie wieder losließ, aber er warnte ihn und sprach: „Hüte dich vor ihnen, sie haben ein böses Herz."

Als seine Brüder kamen, freute er sich und erzählte ihnen, wie es ihm ergangen wäre, daß er das Wasser des Lebens gefunden und einen Becher voll mitgenommen und eine schöne Prinzessin erlöst hätte, die wollte ein Jahr auf ihn warten, dann sollte Hochzeit gehalten werden, und er bekäme ein großes Reich. Danach ritten sie zusammen fort und gerieten in ein Land, wo Hunger und Krieg war, und der König glaubte schon, er müßte verderben, so groß war die Not. Da ging der Prinz zu ihm und gab ihm das Brot, womit er sein ganzes Reich speiste und sättigte: Und dann gab ihm der Prinz auch das Schwert, damit schlug er die Heere seiner Feinde und konnte nun in Ruhe und Frieden leben. Da nahm der Prinz sein Brot und Schwert wieder zurück, und die drei Brüder ritten weiter. Sie kamen aber noch in zwei Länder, wo Hunger und Krieg herrschten, und da gab der Prinz den Königen jedesmal sein Brot und Schwert, und hatte nun drei Reiche gerettet. Und danach setzten sie sich auf ein Schiff und fuhren übers Meer. Während der Fahrt, da sprachen die beiden Ältesten unter sich: „Der Jüngste hat das Wasser des Lebens gefunden und wir nicht, dafür wird ihm unser Vater das Reich geben, das uns gebührt, und er wird unser Glück wegnehmen." Da wurden sie rachsüchtig und verabredeten miteinander, daß sie ihn verderben wollten. Sie warteten, bis er einmal fest eingeschlafen war, da gossen sie das Wasser des Lebens aus dem Becher und nahmen es für sich, ihm aber gossen sie bitteres Meerwasser hinein.

Als sie nun daheim ankamen, brachte der Jüngste dem kranken König seinen Becher, damit er daraus trinken und gesund werden sollte. Kaum hatte er ein wenig von dem bitteren Meerwasser getrunken, so wurde er noch kränker als zuvor. Und wie er darüber jammerte, kamen die beiden ältesten Söhne und klagten den jüngsten an, er hätte ihn vergiften wollen, sie brächten ihm das

rechte Wasser des Lebens, und reichten es ihm. Kaum hatte er davon getrunken, so fühlte er seine Krankheit verschwinden und war stark und gesund wie in seinen jungen Tagen. Danach gingen die beiden zu dem Jüngsten, verspotteten ihn und sagten: „Du hast zwar das Wasser des Lebens gefunden, aber du hast die Mühe gehabt und wir den Lohn; du hättest klüger sein und die Augen aufbehalten sollen, wir haben dir's genommen, während du auf dem Meer eingeschlafen warst, und übers Jahr, da holt sich einer von uns die schöne Königstochter. Aber hüte dich, daß du nichts davon verrätst, der Vater glaubt dir doch nicht, und wenn du ein einziges Wort sagst, so sollst du noch obendrein dein Leben verlieren, schweigst du aber, so soll dir's geschenkt sein."

Der alte König war zornig über seinen jüngsten Sohn und glaubte, er hätte ihm nach dem Leben getrachtet. Also ließ er den Hof versammeln und das Urteil über ihn sprechen, daß er heimlich erschossen werden sollte. Als der Prinz nun einmal auf die Jagd ritt und nichts Böses vermutete, mußte des Königs Jäger mitgehen. Draußen, als sie ganz allein im Wald waren und der Jäger so traurig aussah, sagte der Prinz zu ihm: „Lieber Jäger, was fehlt dir?" Der Jäger sprach: „Ich kann's nicht sagen und soll es doch." Da sprach der Prinz: „Sage heraus, was es ist, ich will dir's verzeihen." „Ach", sagte der Jäger, „ich soll Euch totschießen, der König hat mir's befohlen." Da erschrak der Prinz und sprach: „Lieber Jäger, laß mich leben, da geb ich dir mein königliches

Kleid, gib mir dafür dein schlechtes." Der Jäger sagte: „Das will ich gerne tun, ich hätte doch nicht nach Euch schießen können." Da tauschten sie die Kleider, und der Jäger ging heim, der Prinz aber ging weiter in den Wald hinein.

Über eine Zeit, da kamen zu dem alten König drei Wagen mit Gold und Edelsteinen für seinen jüngsten Sohn. Sie waren aber von den drei Königen geschickt, die mit des Prinzen Schwert die Feinde geschlagen und mit seinem Brot ihr Land ernährt hatten, und die sich dankbar zeigen wollten. Da dachte der alte König: „Sollte mein Sohn unschuldig gewesen sein?" und sprach zu seinen Leuten: „Wäre er noch am Leben, wie tut mir's so leid, daß ich ihn habe töten lassen." „Er lebt noch", sprach der Jäger, „ich konnte es nicht übers Herz bringen, Euren Befehl auszuführen", und sagte dem König, wie es zugegangen war. Da fiel dem König ein Stein vom Herzen, und er ließ in allen Reichen verkündigen, sein Sohn dürfte wiederkommen und sollte in Gnaden aufgenommen werden.

Die Königstochter aber ließ eine Straße vor ihrem Schloß machen, die war ganz golden und glänzend, und sagte ihren Leuten, wer darauf geradewegs zu ihr geritten käme, das wäre der Rechte, und den sollten sie einlassen, wer aber daneben käme, der wäre der Rechte nicht, und den sollten sie auch nicht einlassen. Als nun die Zeit bald herum war, dachte der Älteste, er wollte sich eilen, zur Königstochter gehen und sich für ihren Erlöser ausgeben, da bekäme er sie zur Gemahlin und das Reich dazu. Also ritt er fort, und als er vor das Schloß kam und die schöne goldene Straße sah, dachte er: „Das wäre jammerschade, wenn du darauf rittest", lenkte ab und ritt rechts nebenher. Wie er aber vor das Tor kam, sagten die Leute zu ihm, er wäre der Rechte nicht, er sollte wieder fortgehen. Bald darauf machte sich der zweite Prinz auf, und wie der zur goldenen Straße kam und das Pferd den einen Fuß daraufgesetzt hatte, dachte er: „Es wäre jammerschade, das könnte etwas abtreten", lenkte ab und ritt links nebenher. Wie er aber vor das Tor kam, sagten die Leute, er wäre der Rechte nicht, er sollte wieder fortgehen. Als nun das Jahr ganz herum war, wollte der dritte aus dem Wald fort zu seiner Liebsten reiten und bei ihr sein Leid vergessen. Also machte er sich auf und dachte immer an sie und wäre gerne schon bei ihr gewesen und sah die goldene Straße gar nicht. Da ritt sein Pferd mitten darüber hin, und als er vor das Tor kam, war es offen, und die Königstochter empfing ihn mit Freuden und sagte, er wär ihr Erlöser und der Herr des Königreichs, und dann wurde die Hochzeit gehalten mit großer Glückseligkeit. Und als sie vorbei war, erzählte sie ihm, daß sein Vater ihn zu sich entboten und ihm verziehen hätte. Da ritt er hin und sagte ihm alles, wie seine Brüder ihn betrogen und er doch dazu geschwiegen hätte. Der alte König wollte sie strafen, aber sie hatten sich aufs Meer gesetzt und waren fortgeschifft und kamen ihr Lebtag nicht wieder.

Spiele mit Buchstaben

Wenn ihr Lust habt, könnt ihr sogar mit uns spielen, besser gesagt mit den Buchstaben, die das Wort Regentropfen ergeben.

Wer bildet die meisten Wörter?

Schreibt euch das Wort REGENTROPFEN auf ein Blatt Papier. Nun versuchen alle, in einer bestimmten Zeit so viele neue Wörter wie möglich aus den Buchstaben von REGENTROPFEN zu bilden. Die Buchstaben dürfen dabei nur so oft verwendet werden, wie sie im vorgegebenen Wort vorkommen. Natürlich könnt ihr das Spiel auch mit anderen Wörtern machen.

Wer ist der schnellste Ordner?

Vom Spielleiter erhaltet ihr eine Reihe von Wörtern. Eure Aufgabe ist es nun, diese Wörter nach dem Alphabet zu ordnen. Wer ist am schnellsten? Natürlich könnt ihr euch die Wörter auch selbst suchen. Jedes Kind hat hierzu ein Blatt Papier und Schreibzeug vor sich liegen. Nun rufen alle kreuz und quer, aber einer nach dem anderen, Wörter in die Runde, die sie von der Schule kennen. Alle schreiben mit. Auf Kommando kann dann das Ordnen beginnen. Besonders schwierig wird es natürlich bei Wörtern mit dem gleichen Anfangsbuchstaben, weil man hier auf den zweiten, dritten, vierten... Buchstaben achten muß, z. B. Klasse, Klavier, Karte, Kleber.

118

Taste mal!

Zuerst basteln wir uns Buchstaben. Hierzu zeichnen wir uns auf festen Karton Buchstaben von etwa zehn cm Größe. Am besten beim Zeichnen noch von einem Erwachsenen helfen lassen. Dann schneiden wir sie aus. Günstig ist es, wenn solche Buchstaben, die oft vorkommen, mehrmals ausgeschnitten werden. Nun werden nacheinander jedem Kind die Augen verbunden, und es muß durch Tasten den jeweiligen Buchstaben erkennen. Natürlich kann man's auch schwieriger machen, indem man kleine Wörter legt. Die müssen dann aber für alle ungefähr gleich schwierig sein.

Hängende Buchstaben

Die Buchstaben aus dem vorigen Spiel könnt ihr nochmal verwenden. Ihr spannt eine Wäscheleine mit vielen Wäscheklammern durch das Zimmer. Nun versucht ihr, aus den Buchstaben möglichst viele Wörter zu bilden und hängt diese an der Wäscheleine auf. Als Wettbewerb ist das Spiel nicht so gut geeignet, aber miteinander könnt ihr einen Riesenspaß haben.

Wörter legen - kreuz und quer

Zunächst einmal klebt ihr euch ein Blatt kariertes Papier auf ein Stück Karton auf, den man noch gut mit der Bastelschere schneiden kann. Dann schreibt ihr jeweils in die Mitte eines Vierkästchen-Quadrats einen Druckbuchstaben. Wenn ihr alleine spielt, müßt ihr euch das Alphabet mindestens viermal aufschreiben. Wenn ihr zu mehreren seid, genügt es, wenn jeder ein- oder zweimal das Alphabet übernimmt. Nun wird jedes Buchstabenkästchen ausgeschnitten und alles auf einen großen Haufen in der Tischmitte gelegt. Der Reihe nach kommt nun jedes Kind dran und versucht, ein Wort zu legen. Zwei Punkte gibt es, wenn ein Wort irgendwie an das vorige Wort angebaut wird, so daß es aussieht wie bei einem Kreuzworträtsel. Aber auch einzeln stehende Wörter gelten, sie bringen aber nur einen Punkt. Irgendwann werdet ihr merken: Jetzt geht gar nichts mehr, obwohl noch viele Buchstaben rumliegen. Aber das sind halt die, die in der deutschen Sprache nur in wenigen Wörtern vorkommen. Nun Punktestand vergleichen, wieder alle Buchstaben auf einen Haufen werfen - und auf in die nächste Runde!

Anna trillert Songs

Alle haben Papier und Bleistift vor sich. Auf Kommando versuchen sie, in fünf Minuten möglichst viele Wörter aufzuschreiben, deren Anfangs- und Endbuchstaben gleich sind, z. B. blieb – Elke – Georg – hoch – Irmi... Wer es gerne schwieriger hätte, kann auch Sätze mit solchen Wörtern bilden (siehe Überschrift!).

Wer ist der schnellste Finder?

Für dieses Spiel nehmen wir am besten das Telefonbuch. Ein Spielleiter hat auf einen Zettel zehn Namen aus dem Telefonbuch herausgeschrieben. Nun beginnt der erste Spieler auf Kommando, diese Namen der Reihe nach zu suchen. Nur der Spielleiter schaut ihm dabei über die Schulter. Wie lange braucht er für alle zehn Namen? Nun ist das nächste Kind an der Reihe. Zum Schluß werden die Zeiten verglichen, und dann steht er fest, der schnellste Finder! Noch etwas schwieriger ist es, wenn man zuerst den Ort suchen muß und dann den Namen.

Nur ein Buchstabe!

Ihr kennt wahrscheinlich das Spiel „In meinen Koffer packe ich…" Der erste Spieler beginnt: „In meinen Koffer packe ich ein Handtuch." Der zweite Spieler ergänzt: „In meinen Koffer packe ich ein Handtuch und einen Spitzer." Der dritte Spieler macht weiter: „In meinen Koffer packe ich ein Handtuch, einen Spitzer und eine Flasche." usw. Wichtig ist, daß nichts vergessen wird und daß die Reihenfolge eingehalten wird. Unser Spiel geht genauso, nur daß alle Gegenstände, die mitgenommen werden, mit ein und demselben Buchstaben beginnen müssen. Es können ruhig lustige Dinge sein, die da nun eingepackt werden, also z.B. eine Tüte, ein Teeglas, eine Torte usw. Entweder gibt man den Buchstaben von Anfang an vor, oder der erste Spieler darf ihn durch das von ihm „eingepackte" Wort bestimmen. Sieger ist, wer am meisten in seinen Koffer packt.

Buchstaben-Domino

Alle sitzen im Kreis. Das erste Kind sagt ein Wort, z.B. „Katze", das zweite muß nun ein Wort mit „E" anschließen, z.B. „Eva". Der nächste Spieler macht dann mit „A" weiter usw. Wem spontan nichts einfällt oder wer einen Fehler macht, der muß ein Pfand zahlen.
Ihr könnt das Spiel noch ein wenig spannender gestalten, indem ihr euch einen weichen Ball zuwerft. Wer den Ball bekommt, muß sich das nächste Wort ausdenken.

Wort-Domino

Ein Spiel genau wie das vorige, aber hier muß von zusammengesetzten Wörtern jeweils der letzte Teil des vorhergehenden Wortes der erste Teil des folgenden Wortes sein. Also: Haustier - Tierheim - Heimspiel - Spiel…

Buchstaben auf der Haut

Einem Kind werden die Augen verbunden. Ein anderes stellt sich dahinter und schreibt dem Kind, das nichts sehen kann, Buchstaben auf die Handfläche. Spürt es, welche Buchstaben das sind? Schwieriger wird es, wenn man sich vor das Kind stellt und auf die Handfläche schreibt, denn die Buchstaben stehen nun auf dem Kopf.

Auch auf die Stirn kann man Buchstaben oder sogar kleine Wörter schreiben. Ganz besonders reizvoll ist es, wenn man den Rücken als Schreibfläche hernimmt, denn da ist nicht nur Platz für Buchstaben und Wörter. Man kann auf dem Rücken ganze Sätze schreiben. Die Buchstaben müssen aber langsam nacheinander geschrieben werden. Am besten macht man dieses Spiel paarweise und wechselt immer wieder ab. Vorher muß man halt ausmachen, ob man nur so zum Spaß spielt oder ob man mitzählt: So viele Buchstaben/Wörter geraten!

Geheimschriften

11,5,14,14,19,20 / 4,21 / 4,9,3,8 / 1,21,19 / 13,9,20 / 7,5,8,5,9,13,19,3,8,18,9,6,20,5,14?

Ihr kennt euch nicht so gut aus mit Geheimschriften? Macht nichts. Das lernt ihr schnell. Für diese hier numeriert man einfach das Alphabet durch von 1 bis 26. Dann kann man die Zeile eigentlich schon lesen. Ja?!

So, und nun könnt ihr selbst Botschaften in dieser Geheimschrift verfassen.

Wenn man diese Botschaften einige Male geschrieben hat, kann man sie sehr schnell schreiben und entschlüsseln.

Eine noch raffiniertere Möglichkeit: Man schreibt das Alphabet einmal von A bis Z untereinander und daneben von Z bis A. In dieser Geheimschrift entspricht dann zum Beispiel das A dem Z, das G dem T, das N dem M und das Y dem B.

GLOOV HZXSV, MRXSG DZSI!?

Wörter füllen

Alle sitzen am Tisch und haben Schreibzeug und Papier vor sich liegen. Nun nennt irgendein Kind ein Wort, z. B. Katze. Dieses Wort schreiben nun alle einmal von oben nach unten und dann wieder von unten nach oben auf den Zettel:

K   E
A   Z
T   T
Z   A
E   K

Nun muß jedes Kind vesuchen, neue Wörter zu bilden, z. B.:

KISTE

ABSATZ

TRITT

ZITA

EINDRUCK

Wer als erster fertig ist, ruft „Stop!" Jeder Spieler erhält nun einen Punkt pro gefundenem Wort.

Beginnen sollte man dieses Spiel mit kurzen Wörtern, aber wenn man erst einmal in Übung ist, können die Wortreihen natürlich immer länger werden.

Buchstabe verboten!

Ein Kind erzählt eine Minute lang eine Geschichte oder einen Witz, in der ein bestimmter Buchstabe nicht vorkommen darf. Die Auswahl des verbotenen Buchstabens erfolgt am besten wie nebenan bei „Tier-Essen-Körperteil". Bald wird sich herausstellen, daß es bei manchen Buchstaben, z. B. dem „E" unmöglich ist. Es wäre deshalb ungerecht, das Spiel als Wette durchzuführen. Aber Spaß macht es auch so.

Tier-Essen-Körperteil

Zunächst einmal macht ihr euch auf ein liniertes oder kariertes Blatt Papier eine Tabelle. Ihr schreibt:

Tier	Essen	Körperteil	Punkte

Nun notiert ein Kind heimlich eine Zahl zwischen 1 und 20. Ein anderes buchstabiert heimlich das ABC, bis das erste „Halt!" ruft. Das Kind nennt den Buchstaben, bei dem es gerade angelangt war. Gemeinsam wird nun entsprechend der ausgedachten Zahl weitergezählt. Also: Die gedachte Zahl war 4, der Buchstabe war G. G, H, I , J, K. Nun versuchen alle, ihre Tabelle möglichst schnell zu füllen, also z. B. Kamel | Kartoffel | Kopf

Wer als erster in jede Spalte etwas geschrieben hat, ruft laut: „Stop!" Nun darf keiner mehr schreiben. Die Wörter werden verglichen, und es gibt pro richtigem Wort 1 Punkt. Wenn einer als einziger in einer Spalte einen richtigen Begriff gefunden hat, bekommt er 2 Punkte.

Buchstabenbingo

Jedes Kind schreibt fünf Wörter mit mindestens fünf Buchstaben auf. Ein Kind spielt nicht mit, es ist der Spielleiter. Dieser nennt nun der Reihe nach irgendwelche Buchstaben aus dem Alphabet. Die Spieler streichen in ihren Wörtern die jeweils genannten Buchstaben. Wer als erster ein Wort ganz gestrichen hat, ruft „Bingo!", ist der Sieger dieser Runde und darf nun Spielleiter sein.

Buchstabensuppe

Leg dir zunächst einmal einen Block und
Schreibzeug zurecht. Und nun die Aufgabe:
In dieser Buchstabensuppe sind 5 Regen-
waldtiere, 5 Märchenfiguren, 5 Gegenstände und 5 Vornamen versteckt. Versuche
sie (möglichst schnell) zu finden und
schreibe sie auf.

jfketkjrapunzelkdjoie-
wfanvmevadsjkglkduioeioierpapageije-
oiijgkdskglkwelrrklolrkschlittenokfeoitmarkuskeo-
gkwwplgööwliruitcvnmgfaultiermvevvskxypüoökrewoewoir-
gjdgreujkgljqüsfdlklöffeliropewnlkvzwergedfdrtöhllöfhlödnlkreij-
opewndornröschenopewrmvjerjloensmvsdjvjkjkjkgklkjkgkjkkjtischww-
wkgkgkfroschasflkvevwkgekchristianiveqwcnfjveöglaslweopioopgo-
rotkäppchenoewgowkggwkgkkwkgkgschlangeiweopvjgkgjkjlk-
landreaskvoeogovkbfkbkpewroiameisenbäruiiwuitititidg-
kjgfroschkönigiwiasakllfewejvkwncxjewrfahrrad-
keroeogbarbaradkopigogogo

„Ärgert euch vielleicht am Regenwetter auch, daß man die meisten Sportarten dann nicht ausüben kann?" fragt Trops.
„Genau", ruft Andi, „Fußball würde ich gerne spielen und Hockey und..."
„...und Völkerball und Volleyball, und manchmal kegeln wir auch", setzt Lena hinzu.
„Okay, verstanden!" räumt Trops ein.
„Aber so mancher Sport läßt sich auch drinnen ausüben", meint Trips verschmitzt, „das haben wir mal bei ganz einfallsreichen Kindern beobachtet."
„Vom Aquarium aus", lacht Trops, „da waren wir nämlich auch schon."

Sportlich, sportlich!

Zimmerkegeln

Man braucht dazu eine Kugel aus Knetmasse und formt sie um das Ende eines Bindfadens herum. Oder man knackt vorsichtig eine Walnuß, nimmt den Kern heraus und klebt zwischen die Schalenhälften einen langen Faden. In jedem Fall befestigt man den Faden so (an der Lampe oder ähnlich), daß die Kugel bis knapp über der Tischfläche baumelt. Kegel können bei der Knetkugel neun leere Klopapierrollen oder etwas ähnliches, bei der Walnußkugel auch neun Halmakegel oder Korken sein. Sie werden nun wie beim richtigen Kegeln auf dem Tisch aufgestellt. Nun nimmt man die Kugel und läßt sie über den Tisch schwingen. Wer schafft die meisten Kegel?

Kork-Kegeln

Man markiert in der Mitte eines Zimmers einen Kreis von etwa 50 cm Durchmesser. In die Mitte dieses Kreises legt man einen Sektkorken. Die Kinder stellen sich auf zwei gegenüberliegenden Seiten des Kreises auf, alle gleich weit vom Korken entfernt. Beide Gruppen rollen nun einen Tennisball so in den Kreis, daß der Sektkorken möglichst aus dem Kreis getrieben wird – auf der jeweils gegnerischen Seite.

Kastanienfußball/Murmelfußball

Aus fester Pappe werden zwei Tore gebaut und in etwa 1 m Abstand voneinander entfernt aufgestellt. Nun hocken sich zwei Spieler gegenüber und versuchen, den „Ball" (Kastanie oder Murmel) ins gegnerische Tor zu schnipsen. Wer schießt die meisten Tore? Wer hält am besten?

Fischen

Zweige oder Stecken, die etwa so lange wie der Unterarm eines Kindes sind, werden in verschiedenen Farben angemalt. Dann bindet man eine dünne Schnur dran, die etwas kürzer als die Angel ist. An das freie Schnurende knüpft man ein kleines Häkchen. Es kann aber auch gebogener Draht sein. Nun geht es ans Fischebasteln. 20 Stück sollten es werden. Aus Filz oder stärkerem Stoff kann man verschieden große Fische basteln. Einfach zwei Filzstücke übereinanderlegen, Fischform aufzeichnen und ausschneiden. Ringsherum zunähen. Vor den letzten Stichen den Fisch mit Watte füllen. Dann noch vorne einen Ring drannähen. Auf der Unterseite werden die Fische von 1–20 numeriert. Nun beginnt das Fischen. Alle Fische werden dazu auf den Boden gesetzt, und nun können immer höchstens vier Kinder, die auf Hockern sitzen, angeln. Gefangene Fische legt man neben sich. Am Schluß wird das „Gesamtgewicht" der Fische eines jeden Spielers ermittelt. Dazu werden die „Kiloangaben" auf der Unterseite zusammengezählt. Wer hat die schwersten Fische geangelt?

Sportarten

Alle verteilen sich im Zimmer. Ein Spielleiter gibt nun die Kommandos: Bewegt euch wie ein Tennisspieler, Fußballdribbler, Speerwerfer, Geher, Skifahrer, Schwimmer usw. Man kann natürlich auch ein Ratespiel draus machen: Ein Kind bewegt sich wie ein bestimmter Sportler, die anderen versuchen, die Sportart zu erraten. Wer es als erster weiß, darf der nächste Sportler sein.

Wirf das Taschentuch!

Vor jedem Kind und rechts davon liegen vier Taschentücher. Sie haben etwa den Abstand einer Schrittlänge. Zuerst ergreifen die Zehen des rechten Beines die Tücher und heben sie hoch. Mit dem Taschentuch wird das Knie des Standbeines berührt. Und nun wird es mit einem kräftigen Beinschwung weit weg geschleudert. Dann ist die andere Seite dran. Man kann auch einen Wettbewerb draus machen: Wer hat als erster vier Taschentücher geworfen?

Schließ den Reißverschluß!

Jedes Kind schlüpft in einen unsichtbaren großen Sack. An den Füßen beginnend, ziehen alle den Reißverschluß bis unters Kinn hoch zu. Ist er endlich zu, geht er kaputt. Nun muß man ihn, stramm nach oben ziehend, zuhalten, geht in kleinen Schritten und federt mit geschlossenen Beinen. Immer aufrecht bleiben!

Laufen, laufen, laufen!

Alle Kinder verteilen sich im Raum und beginnen, zu einem Lied aus dem Radio auf der Stelle zu laufen. Das ganze Lied durch (vielleicht auch zwei!) müssen sie tatsächlich laufen. Langsamer dürfen sie werden, auch sehr langsam, aber aufhören sollten sie nicht.

Bleib so stehn!

Zu flotter Musik bewegen sich alle frei im Raum. Sie tanzen, hüpfen, laufen, ganz wie es ihnen gefällt. Plötzlich stoppt die Musik, und alle müssen genau in der Stellung stehenbleiben, in der sie sich im Moment des Musik-Stops befunden haben. Das gibt die lustigsten Figuren.

Tücher-Lauf

Aus einfarbigen bunten Tüchern oder Stoffresten legen wir uns einen Weg. Nun muß jedes Kind diesen Weg begehen. Wie bewegt es sich über die einzelnen Farben? Vielleicht ist „rot" soviel wie „heiß", so daß man entsprechend schnell drüber huscht? Und „blau" könnte „Wasser" sein, man schwimmt also zum Beispiel. Vielleicht kriechen ein paar Kinder unter „braun" durch, weil das die Erde ist? Die Kinder aber entscheiden selbst, wie sie sich zu den einzelnen Farben bewegen wollen.

Fahrradfahren

Je zwei Kinder legen sich auf den Rücken, wobei sie ihre Fußsohlen fest gegeneinander drücken. Sie fahren Rad. Ein Spielleiter spricht nun dazu: „Wir fahren langsam, werden schneller, rasen, können nicht mehr, werden deshalb wieder langsam, ganz langsam. Jetzt haben wir uns wieder ausgeruht..." Entsprechend den Kommandos bewegen sich die „radfahrenden" Paare.

Fußarbeit

Jedes Kind erhält ein Zeitungsblatt. Nun zieht es die Strümpfe aus, und auf Kommando geht das Spiel los: Mit den nackten Füßen wird die Zeitung zerrissen, zusammengeknüllt und mit dem Fuß zu einem vorher bereitgestellten Papierkorb transportiert – einbeinig hüpfend. Wer hat als erster sein Zeitungsblatt im Korb?

Hampelmann

Alle Kinder sind Hampelmänner. Sie hüpfen in die Grätsche und wieder zurück und schlagen dabei die Hände über dem Kopf zusammen. Man kann Rumpfbeugen machen, in die Hocke gehen, sich mal nach links und mal nach rechts drehen, die Arme schütteln usw. Ein Kind nach dem anderen darf dabei vor den anderen stehen und Turnstunde halten.

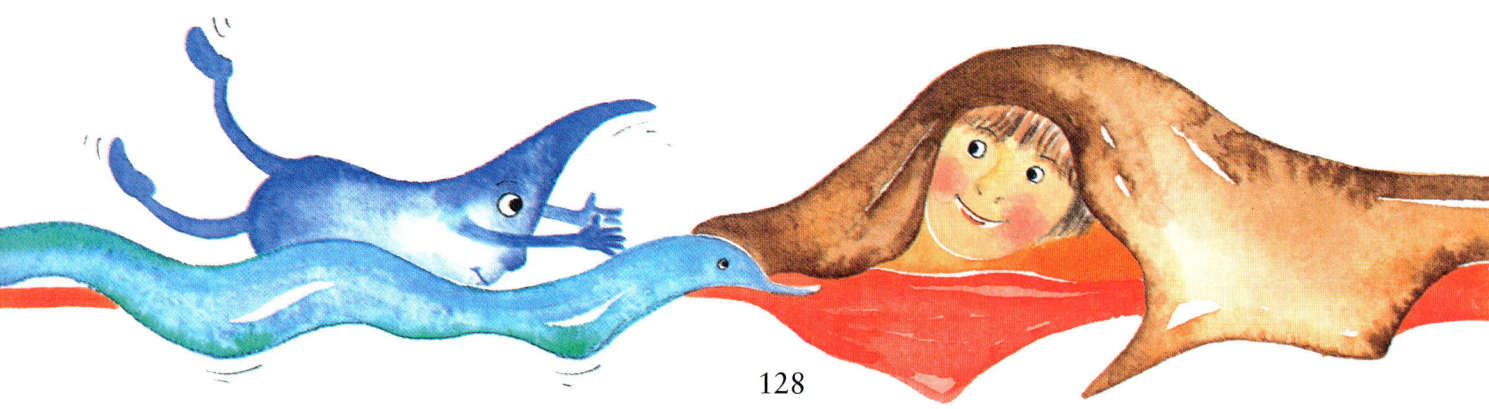

128

Farben kleben

Ein Spielleiter gibt an: „Alles, was rot ist, klebt zusammen." Nun müssen sich alle, an deren Äußerem irgendetwas rot ist, an der entsprechenden Stelle „zusammenkleben", z. B. Socken an Haarspange an Pulli.

Körperteile kleben

Ein Spiel wie oben, nur daß diesmal das Kommando heißt: „Die Handflächen kleben zusammen." oder „Köpfe kleben an Rücken." Immer zwei Kinder finden sich so zusammen.

Roboterspiel

Die Kinder verteilen sich paarweise im Raum. Ein Kind ist der Roboter. Das andere muß ihn zunächst einschalten oder aufziehen, dann läuft er los - immer in eine Richtung. Das andere Kind läuft hinter dem Roboter und kommandiert ihn nun mit rhythmischen Phantasiesprüchen durch den Raum, z. B. huk hak huk hak. Wenn der Roboter eine Kurve laufen soll, muß das Kind hinter ihm dies befehlen, indem es ihn in die gewünschte Richtung dreht. Nun läuft er zu „huk hak" wieder weiter, bis die nächste Richtungsänderung erfolgt. Natürlich sollte man den Roboter nicht in die gute Gläservitrine oder gegen einen anderen Roboter laufen lassen. Nach einer Runde erfolgt ein Rollenwechsel. Das bisher kommandierende Kind darf nun Roboter sein und umgekehrt.

Lichtmalerei

Ein Raum wird verdunkelt. Alle Kinder haben eine Taschenlampe in der Hand und liegen am Boden. Zu passender Musik (z. B. „Hummelflug", „Moldau", „Vier Jahreszeiten/Frühling") malen sie mit dem Licht an der Decke. Die Taschenlampe haben sie dabei entweder auf dem Bauch stehen, oder sie halten sie mit ausgestrecktem Arm in der Hand. So werden kleine und große Bewegungen möglich.

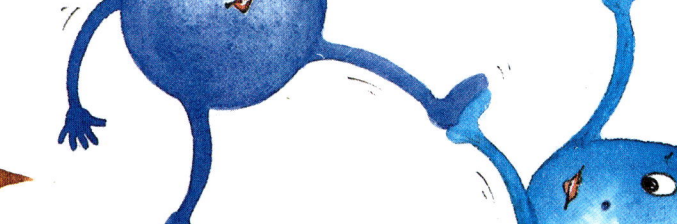

Das klingt ja hohl!

Alle legen sich auf den Rücken, spannen ihren Bauch an und klopfen mit der Hand drauf. Wie hohl das klingt!

Luftballon aufpusten

Alle liegen in der Rückenlage auf dem Boden und spielen leere Luftballons. Sie pusten den Luftballon (=sich selbst) kräftig auf, aber sie schaffen nach dem Aufblasen den Knoten nicht und sacken wieder zusammen. Die ganze Luft ist raus. Ein neuer Anlauf: Sie pusten sich wieder auf, diesmal schaffen sie es bis zur sitzenden Stellung, aber oh weh, der Knoten gelingt wieder nicht. Aus dem Sitzen fallen sie langsam wieder in sich zusammen. So geht es weiter, bis sie „voller Luft" stehen. Und nun gelingt der Knoten – geschafft!

Zeichen

Die Kinder denken sich Zeichen aus, die sie mit ihren Körpern darstellen können. Beispiele:
„Kreuz": Die Beine werden gekreuzt.
„Pfeil": Ein Knie wird eingeknickt .
„Kreis": Mit den Armen (oder Beinen) wird ein geschlossener Kreis gebildet.
„Punkt": Der Körper wird zusammengerollt...

Popcorn machen

In der Hockstellung sitzen alle am Boden in einer vorgestellten Pfanne. Der Spielleiter spricht dazu: „Wir sind Maiskörner und sitzen in der Pfanne. Nun wird die Pfanne heiß. Wir fangen zu hüpfen an." Die Kinder hüpfen nun in der Hockstellung und machen „bing bing bing" gegen den Pfannendeckel. „Nun wird der Deckel geöffnet." Alle Kinder springen aus der Pfanne. „Oh, zwei kleben zusammen." Je zwei hüpfen gemeinsam. „Jetzt kleben gleich drei zusammen." Drei Kinder fassen sich und hüpfen gemeinsam ...

Schattenspiele

Man braucht eine Schreibtischlampe und ein weißes Leintuch. Ein Kind verschwindet jeweils hinter dem Leintuch. Die anderen müssen raten, was es darstellt. Ein Tier, z. B. eine Giraffe? Einen Beruf, z. B. einen Maurer? Eine Märchenfigur, z. B. einen König oder eine Hexe?

Denkmal bauen

Die Kind verteilen sich paarweise im Raum. Jeweils ein Kind denkt sich eine Figur aus und stellt sich selbst so als Denkmal auf. Das andere Kind legt nun etwa fünf Bierdeckel auf das Denkmal. Nach einem ausgiebigen „Oh, sind die Denkmäler schön!" dürfen diese alle Bierdeckel von sich abschütteln. Nun sind die anderen dran. Man kann das Spiel mehrmals wiederholen. Die Denkmäler werden schnell merken, daß man nicht jede Stellung so lange aushalten kann und sich entsprechend hinstellen.

Baum

Die Kinder stehen auf dem Standbein. Der andere Fuß wird seitlich am Knie angelegt. Beide Hände werden seitlich hochgestreckt, die Fingerspitzen zeigen nach oben. Beim „Zwillingsbaum" stehen zwei „Bäume" nebeneinander und berühren sich an den Händen. So kann man auch eine ganze Allee mit Bäumen darstellen.
Der Baum/die Bäume sind auch Wind und Wetter ausgesetzt. Was passiert mit den Bäumen, Ästen und Zweigen, wenn ein Sturm ist, ein leichter Wind etc.

Schildkröte

Jedes Kind setzt sich auf den Boden. Die Knie sind angewinkelt und nach außen hin abgelegt. Die Fußsohlen berühren einander. Beide Arme greifen von innen durch die Knie, der Kopf liegt auf den Füßen.

Yogasitz

Die Kinder sitzen im Schneidersitz am Boden. Und nun wird der rechte Fuß auf den linken Oberschenkel und der linke Fuß auf den rechten Oberschenkel gelegt. Wer schafft's?

Namen klopfen

Jedes Kind hat die Aufgabe, seinen Namen zu klopfen (auf dem Tisch, Boden o. ä.). Je nach Silbenanzahl und Betonung entstehen so ganz verschiedene Rhythmen. Zunächst führt jedes Kind der Reihe nach alleine sein Namenklopfen vor, dann wird ein Kind oder auch ein Erwachsener zum Dirigent, der mit einem Fingerzeig den Einsatz gibt. Immer mehr stimmen so mit ein. Zwischendurch zeigt er durch eine wegwischende Handbewegung einem der Klopfer, daß er nun wieder verstummen soll. So schwillt das Orchester einmal an, dann wird es wieder leiser.

Quatschwörter

Selber erfinden die Kinder Quatschwörter ohne jede Bedeutung, wie z. B. quotsche quitsche oder klikluklak. Rhythmisch läßt jedes Kind zunächst alleine und nacheinander sein Quatschwort hören, dann werden es immer mehr, bis alles auch hier zum Orchester anschwillt.

Stampf- und Klatschlied

Ihr bildet zwei Gruppen. Jede Gruppe spricht einen Text, der sich klatschen und stampfen läßt, z. B. „Regentropfen klopfen an – daß man's deutlich hören kann." Solche kleinen Texte könnt ihr euch auch selbst ausdenken. Nun spricht, klatscht und stampft jede Gruppe ihre Zeile, zunächst nacheinander, dann gleichzeitig.

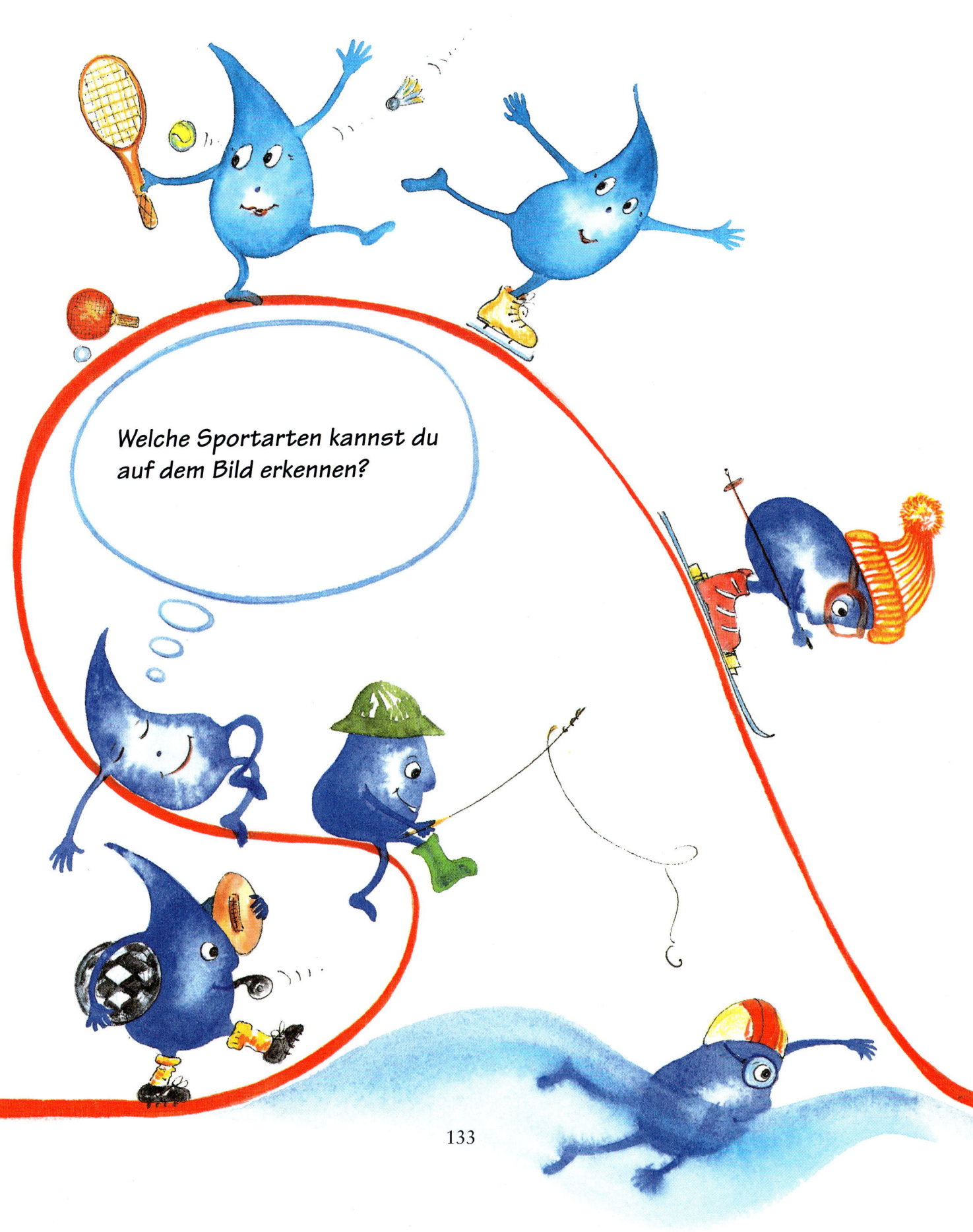

Welche Sportarten kannst du
auf dem Bild erkennen?

Sportler-Kugeln

500 g Magerquark werden in einem Tuch (z.B. Windel) ausgedrückt, bis er trocken ist. Nun wird die Masse mit 100 g (Kräuter-)Frischkäse gemischt. Es werden 20–25 Kugeln daraus geformt und in Schnittlauchröllchen, Sesamsamen, Mohn oder mildem Paprikapulver gewälzt. Gut schmecken die Sportler-Kugeln zu Brezeln oder Pumpernickel.

Kraft-Getränk

Zuerst füllt man ein Milchglas gut über die Hälfte mit Schmelzflocken. Dann gießt man einen der folgenden Säfte dazu:
Apfelsaft
Grapefruitsaft
Orangensaft
Johannisbeersaft (schwarz oder rot)
Heidelbeersaft
Tomatensaft
Es schmeckt auch, wenn man Milch oder Buttermilch dazugießt.

Käseförmchen

Aus jungem Goudakäse, der etwa 5 mm dick geschnitten ist, sticht man mit Förmchen, die sonst zum Plätzchenbacken verwendet werden, kleine Figuren aus. Diese können nun einfach so mit bunten Spießchen auf den Teller gebracht werden oder zusätzlich auf Gurkenscheiben, kleinen Radieschen, schmalen Tomatenspalten, Trauben oder auf Pumpernickeltaler gesteckt werden.

Karottenpuffer

Die Karottenpuffer sind gesund, lecker und nicht schwer herzustellen. Trotzdem sollte zumindest beim Braten ein Erwachsener dabeisein. 400 g gewaschene Karotten schälen oder mit der Gemüsebürste abschrubben und fein reiben. Etwas Petersilie oder Dill waschen, gründlich abtropfen lassen und kleinschneiden. Karotten, Kräuter, zwei Eier, etwas Salz und Pfeffer und acht Eßlöffel (Weizenvollkorn-)Mehl verrühren. Mit den Händen auf einem mit Mehl bestäubten Brett etwa acht Puffer formen, bei mittlerer Hitze in Öl von beiden Seiten goldgelb braten.

Quarkfondue

Aus 250 g Magerquark, $1/8$ l Milch, dem Saft einer Zitrone, etwa 60 g Zucker und 50 g blütenzarten Haferflocken rühren wir eine Creme. Ein paar Äpfel, Birnen, Pfirsiche, Bananen oder Weintrauben oder von allen etwas schneiden wir klein und spießen die Schnitze auf bunte Cocktailspieße. Nun ziehen wir sie durch die Quarkmasse. Mmmhh!

Fitneßbrot

Vollkornbrot wird mit Kräuterquark bestrichen. Für den Aufstrich mischt man Schnittlauch, Dill und etwas Kresse mit Quark und etwas Joghurt. Dann wird noch ein bißchen Pfeffer und Salz darübergestreut.

Bananenflocken

Man zerdrückt eine Banane und schlägt sie mit der Gabel zu Schaum. Nun kommen 1 Messerspitze Vanillin-Zucker und 3 gehäufte Eßlöffel kernige Haferflocken dazu, und alles wird gut verrührt.

Kraft-Salat

1 Becher Joghurt, den Saft 1 Zitrone, 1 Messerspitze Zimt, 1 Päckchen Vanillin-Zucker, wenig Zucker und nach Möglichkeit folgendes kleingeschnittene Obst: 2 Äpfel, 1 Orange, 1 Birne, 1 kleine Grapefruit, 1 Banane mit 1–2 Eßlöffel Rosinen und 1 Eßlöffel blättrig geschnittene Haselnüsse vorsichtig mischen.

Karottenflocken

Eine große Karotte wird geputzt und gerieben. Dann wird 1 Teelöffel Zitronensaft drübergegossen. Nun werden 2 Eßlöffel süße Sahne, 1 Teelöffel Zucker und 3 gehäufte Eßlöffel kernige Haferflocken vermischt und die Mischung zu den Karotten gegeben.

Honigflocken

Man gibt einen Becher Joghurt in ein Schälchen, verteilt 1 Teelöffel Honig darüber und streut 3 gehäufte Eßlöffel kernige Haferflocken darauf. Fertig!

„Sagt euch eigentlich das Wort ‚Kim‘ etwas?" fragt Trips.

Als Andi und Lena den Kopf schütteln, liefert Trips die Erklärung: „Das Spiel ‚Kim‘ hat angeblich Rudyard Kipling als erster beschrieben, der Autor des ‚Dschungelbuches‘. Das kennt ihr doch sicher. Bei ihm handelte es sich um Edelsteine, die man sich sehr genau ansehen und merken mußte. Inzwischen gibt es jede Menge Kimspiele mit allen möglichen Variationen. Gemeinsam ist ihnen, daß sie nicht nur Spaß machen, sondern auch unsere Sinnesorgane ansprechen und damit unsere Wahrnehmungsfähigkeit schulen."

„Das hat Trips aber sehr kompliziert ausgedrückt", grinst Trops, „wartet nur mal ab, dann werdet ihr sehen, daß die Sache halb so wild ist."

Kim-Wand

Drei Fliegen mit einer Klappe, noch dazu witzig, schlägt man mit einer Kim-Wand. Man nimmt dazu einen Karton in der Größe eines Kindes, malt auf ihn einen Kopf mit Oberkörper und Händen und schneidet Löcher an der Stelle der Nase, des Mundes und der Hände. Nun kann der Reihe nach jedes Kind erschnuppern, kosten und fühlen, was ihm von den anderen oder von einem Spielleiter angeboten wird.

136

Mit Augen, Ohren, Nase, Mund, Fingern ...

Riech mal!

Einem Kind werden die Augen verbunden. Der Reihe nach werden ihm nun ganz verschieden riechende Dinge unter die Nase gehalten.

Noch schöner läßt sich das Spiel folgendermaßen gestalten:

Man braucht etwa 10 große Yoghurtbecher mit Deckel. Man stellt sie auf den Kopf (= Deckel) und sticht in den Boden mit einer spitzen Schere (Achtung!) einige Löcher, die sehr nah beieinander liegen. Damit man sie immer wieder verschließen kann, befestigt man eine Klappe aus Papier mit Klebeband. In die Becher kommen nun die verschiedensten Dinge. Hauptsache, sie riechen deutlich.

Beispiele: Schnittlauch, Zwiebel, Knoblauch, Zimt, Nelkenpulver, Kaffee, Tee, Kakao, Vanillinzucker, Käsestückchen, Speckstückchen, Kamillenblüten, Pfefferminztee, Zitronenscheibe, Seifenstückchen...

Die Becher werden wieder verschlossen, und nun geht's los mit dem Test. Einer nach dem anderen darf von jedem Becher die Klappe öffnen, riechen und raten.

Versuch mal!

Jeder Spieler muß mit verbundenen Augen „erschmecken", was er da auf die Zunge bekommt: Zitronensaft, Honig, Essig, Senf, Schokoladenpulver usw. Damit der Geruchssinn nicht zu Hilfe kommt, kann man die Nase mit einer (gepolsterten!) Wäscheklammer verschließen.

Situationen spielen

Alle Kinder bewegen sich frei im Raum. Ein Spielleiter gibt Situationen vor, und die Kinder spielen diese Situationen ohne Worte. Beispiele:

Du beißt in eine Zitrone. Du riechst faule Eier. Du riechst frisch gebackenen Kuchen. Du hast etwas Schreckliches geträumt und wachst davon auf. Du steigst eine steile Treppe hinauf. Du erfährst etwas Unangenehmes. Du fährst Rollschuh. Du gehst barfuß über Schnee, heißen Sand, weiches Moos.

Man kann auch variieren: Du triffst jemanden, den du lange nicht gesehen hast u. ä.

138

Sieh mal

Gut sichtbar für alle legt der Spielleiter etwa zehn Gegenstände auf den Tisch. Zunächst aber werden sie noch durch ein Tuch verhüllt. Nun hebt der Spielleiter das Tuch für circa zwei Minuten. Alle Spieler müssen sich in dieser Zeit die Gegenstände einprägen. Dann wird wieder abgedeckt. Nun versuchen die Spieler, möglichst viele gemerkte Gegenstände aufzuschreiben. Nach einer bestimmten Zeit, etwa drei Minuten, stoppt der Spielleiter. Nun werden die Zettel ausgewertet. Wer hat sich am meisten gemerkt? Man muß die Gegenstände nicht unbedingt aufschreiben, man kann sie sich auch merken und gemeinsam der Reihe nach aufzählen.

Zimmer-Kim

Alle Kinder sehen sich genau im Zimmer um. Dann verlassen sie es alle bis auf einen. Dieser eine verändert nun irgendetwas im Raum. Wer bemerkt es beim Wiedereintritt als erster?

Personen-Kim

Ein Kind geht vor die Tür. Die anderen versuchen nun, es möglichst genau zu beschreiben: Größe, Haarfarbe, Augenfarbe, Frisur, Kleidung, Schuhe, evtl. Gewicht. Der Spielleiter notiert die Antworten, das Kind kommt wieder herein, und nun wird verglichen. Hier gibt es mal keinen Sieger und keinen Verlierer, aber viel Spaß. Noch spannender wird es, wenn zwei oder mehr Kinder vor die Türe gehen, da gibt es dann bei den Beschreibungen die tollsten Verwechslungen.

Versteck-Kim

Alle einigen sich auf einen Gegenstand, z. B. Würfel, Wecker, Buch. Nun wird er von einem Kind im Zimmer versteckt, während die anderen draußen sind. Wer entdeckt ihn beim Zurückkommen? Eine andere Variante: Es werden mehrere Gegenstände versteckt, und ein Kind muß suchen.

139

Hör mal!

Für die anderen Kinder unsichtbar (z. B. hinter dem Vorhang), produziert ein Kind verschiedene Geräusche mit vorher(!) zurechtgelegten Geräten. Es kratzt z. B. mit dem Finger über ein Blatt Papier, es spitzt einen Bleistift, es raschelt mit einer Plastiktüte, es bläst einen Luftballon auf, es zerreißt ein Stück Stoff, es läßt einen Ball fallen, es knackt eine Nuß...
Wichtig ist dabei, daß es im Raum absolut leise ist. Wer errät die Geräusche? Am besten notieren!

Horch!

Ein Kind verläßt den Raum, während die anderen einen tickenden (Küchen-)Wecker irgendwo verstecken. Nun wird das Kind wieder hereingerufen und soll den Wecker in seinem Versteck finden. Das geht nur, wenn wirklich alle mucksmäuschenstill sind. Hat das Kind den Wecker gefunden, darf es den nächsten Spieler bestimmen.

Fühl mal!

Jedes Kind muß mit verbundenen Augen Gegenstände berühren und erraten, worum es sich handelt. Oder die Gegenstände werden in einen Kissenbezug gesteckt, und jeder bekommt eine Minute Zeit, durch den Stoff hindurch zu fühlen, was sich im Sack befindet. Danach schreibt jeder auf, was er gefühlt hat. Am Schluß wird verglichen.
Noch schöner ist das Spiel so:
Sucht euch einen möglichst großen Schuhkarton und schneidet ein faustgroßes Loch in ein Seitenteil. Klebt nun ein Stück Stoff innen in der Schachtel so an, daß man durch das Loch nicht ins Innere hineinsehen kann. Während ein Kind vor die Tür geht, legen die anderen alle möglichen Dinge in den Karton, z. B. Erbsen, Linsen, Wolle, Federn, einen (nassen) Schwamm, Steinchen, Korken, einen Tischtennisball, Schrauben... Euch fallen bestimmt noch viele tolle Dinge ein. Nun wird das Kind hereingerufen und darf durch das Loch in den Karton greifen. Es beschreibt, was es fühlt und versucht, möglichst viel zu erraten.

Nasentreffer

Alle schließen die Augen und strecken einen Arm seitwärts aus, wobei der Zeigefinger gerade, die übrige Hand aber geschlossen bleibt.

Mit einer schnellen Bewegung versucht nun jeder, seine eigene Nasenspitze zu treffen. Lustiger ist es, wenn es nicht alle Kinder gleichzeitig versuchen, sondern einer nach dem anderen. Dann gibt es immer was zu lachen.

Zittert das Blatt?

Alle strecken einen Arm nach vorne aus und spreizen die Finger. Der Spielleiter legt auf jeden Handrücken eine Blatt Papier. Wer hält am längsten aus, und zwar so, daß das Blatt nicht zu zittern beginnt? Probiert es auch mit zwei Armen.

Barfuß-Straße

Ein Kind geht vor die Tür. Die anderen legen auf den Boden eine Reihe von verschiedenen Materialien, z. B. ein Handtuch, eine Tüte, Zeitungspapier (evtl. zerknüllt), Styropor, Wolle, Stoff usw. Nun zieht sich das Kind vor der Tür die Strümpfe aus und läßt sich die Augen verbinden. Ein Mitspieler führt es an der Hand über die Barfuß-Straße und alle hören zu, wie es feststellt: warm, eklig, weich... Welche Dinge kann es beim ersten Mal erraten? Und wie geht's auf dem Rückweg? Nun geht das Spiel mit einem anderen Kind weiter. Wichtig ist, daß immer wieder andere Gegenstände unter die alten gemischt werden.

Wer trifft ins Schwarze?

Zunächst wird eine Zielscheibe mit mehreren Ringen und entsprechender Punktzahl gemalt. In der Mitte ist natürlich das Schwarze mit der Höchstpunktzahl. Nun stellen sich die „Schützen" in einem bestimmten Abstand auf. Dem ersten werden die Augen verbunden. Nun muß er versuchen, mit ausgestrecktem Zeigefinger ins Schwarze zu treffen. Schwieriger wird die Sache noch, wenn zunächst eine kleine Wegstrecke zurückgelegt werden muß, und zwar mit nach vorne gestreckten Armen, wobei die Daumen sich berühren. Dann kommt der nächste an die Reihe. Der Punktestand wird natürlich jeweils notiert und nach einigen Runden zusammengezählt. Wer ist der beste Schütze?

Ganz feinfühlig!

Ein Spieler bekommt die Augen verbunden. Der Reihe nach legen ihm die anderen Gegenstände auf die flache Hand. Das können Spielsachen sein, Bauklötze, Spielzeugautos, aber auch Obst und Gemüse oder Schreibutensilien usw. Ohne sie zu schließen, muß der Spieler nun raten, was es gewesen ist.

Fernglasbalancieren

Der erste Spieler erhält den Auftrag, auf der Teppichkante zu balancieren. Damit es nicht so einfach ist, erhält er ein Fernglas, durch das er nun auf seine Füße schauen muß. Das ist zum Lachen für die anderen. Aber nur solange, bis sie selbst dran sind.

Der Frühling ist wirklich da

Philipp und Katja sind endlich mit den Hausaufgaben fertig. Ausgelassen stürmen sie nach draußen.

„Ich glaube, jetzt ist der Frühling wirklich da", sagt Katja.

„Was du so alles glaubst!" Philipp ist mißtrauisch. „Wart's nur ab, in ein paar Tagen können wir die Schlitten wieder aus dem Keller holen."

„Das glaub ich nicht", sagt Katja beharrlich, „man sieht den Frühling ja schon."

„Seit wann kann man denn den Frühling sehen?"

„Na, schau dich doch mal um. All die Blumen und das frische Grün an den Bäumen und das Gras, das schon wieder zu wachsen anfängt…"

„Und außerdem", fügt sie nach einer ganzen Weile, in der sie sich den Garten genau angesehen hat, hinzu, „riecht man ihn auch."

„Wen riecht man?" fragt Philipp, der mit seinen Gedanken inzwischen woanders ist.

„Na, den Frühling. Schnupper doch mal!"

Philipp schnauft ein paarmal geräuschvoll durch die Nase. „Na ja", sagt er nach einer Weile, „anders als im Winter riecht es schon. Jetzt brauchst du bloß noch zu behaupten, man schmeckt und fühlt ihn auch, den Frühling. Dann hast du die fünf Sinne ja beieinander."

„Nein, einer fehlt noch, ‚hören' hast du vergessen", will Katja ihren Bruder gerade milde lächelnd verbessern, da hört sie doch tatsächlich etwas.

„Komm doch mal her", raunt sie Philipp zu.

Unter dem Haufen mit den abgeschnittenen Zweigen raschelt es geheimnisvoll.

„Das ist bestimmt ein Vogel", sagt Philipp.

„Der wäre aber ganz schön laut", meint Katja.

Da hat das Rascheln auch schon wieder aufgehört. Zu sehen ist nichts, gar nichts. Philipp und Katja bleiben bis zum Abendessen draußen. Mit ein paar Freunden spielen und toben sie, was das Zeug hält. Aber nach dem Abendessen sollen sie sofort ins Bett. Ausgerechnet heute!

„Nur noch eine Viertelstunde!" bettelt Katja, und Philipp bettelt gleich mit. Ohne auf Antwort zu warten, sind sie wieder im Garten. „Hey, spielen wir?" fragt Philipp und hält Katja den Fußball entgegen.

„In Ordnung!" sagt Katja gönnerhaft. Wozu soll sie sich jetzt auch streiten?

Als der Ball in die Efeu-Hecke rollte, stutzen beide. Schon wieder so ein merkwürdiges Geräusch! Das hatten sie ja total vergessen. Diesmal schmatzt und knackt und schnauft es.

Philipp sieht Katja an.

Katja sieht Philipp an.

Erst mal ganz ruhig bleiben!

„Vielleicht eine Ratte?" flüstert Katja, die zur Zeit gerne Gruselgeschichten liest.

Auf einmal ist auch das Rascheln vom Nachmittag wieder zu hören. Und dann bewegen sich die Efeublätter. Ein spitzes Schnäuzchen, ein bräunlichgraues Fell, nein, viele Stacheln. Ein Igel!

Philipp und Katja rühren sich nicht. Doch da ist der Igel schon wieder unter den Blättern verschwunden. Nur sein Schmatzen und Rascheln ist noch zu hören.

„Du und dein Vogel!" prustet Kajta los.

„Du und deine Ratte!" gibt Philipp zurück. Dann rennen sie gleichzeitig los.

Das müssen sie sofort Papa und Mama erzählen.

Als sie endlich beim Zubettgehen sind, will Katja wissen: „Wo kommt der Igel denn auf einmal her? Wohnt der bei uns?"

„Vielleicht hat er hier Winterschlaf gemacht", vermutet Mama.

„Ach ja, unter dem Haufen mit den alten Zweigen."

Philipp freut sich. Neben seiner Fußball-wiese!

Und Katja ist ganz sicher: „Heute nachmit-tag ist der aufgewacht." Nach einer kleinen Weile fügt sie hinzu: „Siehst du, ich hab doch recht gehabt. Der Frühling ist wirk-lich da. So ein Igel wird sich doch wohl nicht irren."

Und da will Philipp nun wirklich nicht widersprechen.

Heidemarie Brosche

„Na, habt ihr aufgepaßt, welche Sinne in dieser Geschichte vorgekommen sind?" richtet sich Trops an Andi und Lena.

„Sehen und Hören", ruft Lena sofort.

„Riechen und Schmecken", grinst Andi und zieht einen Streifen Kaugummi aus der Tasche. „Mir ist aufgefallen, daß der Tast-sinn nicht vorgekommen ist, aber das liegt wohl daran, daß Igel so stachelig sind. Hätte der Igel ein weiches, kuscheliges Fell, hätten Katja und Philipp ihn sicherlich streicheln wollen", überlegt Trops.

„Also mir hat die Geschichte sehr gut ge-fallen, und ich werde in Zukunft sicherlich etwas bewußter die Jahreszeiten ‚erschnüf-feln'", meint Lena, und Andi nickt ganz energisch dazu.

„Und außerdem habt ihr uns ja soo viele Spiele und Anregungen gezeigt, wie man die Sinne schulen kann. Auf meine Augen, Ohren, meine Nase, Zunge und Haut werde ich auf jedenfall jetzt mehr auf-passen", lacht Andi.

143

Wir würfeln, knobeln, tüfteln, rechnen ...

Knobeln – einmal anders

Wahrscheinlich kennt ihr das Fingerknobelspiel „Stein - Schere - Papier", bei dem der Stein die Schere, das Papier den Stein und die Schere das Papier besiegt. Ähnlich kann man auch mit den fünf Fingern spielen: Der Daumen besiegt den Zeigefinger, der Zeigefinger den Mittelfinger, der Mittelfinger den Ringfinger, der Ringfinger den kleinen Finger, aber dieser den Daumen. Alle Kinder, die mitspielen, halten eine Hand hinter den Rücken. Gemeinsam zählen sie bis drei, und nun ziehen alle gleichzeitig die Hand mit weggestrecktem Finger hinterm Rücken vor. Alle Kinder, deren Fingerzahl von einem anderen überboten wird, scheiden aus. Die Runde dauert so lange, bis nur noch ein Kind übrigbleibt. Dann geht es mit allen Spielern wieder von vorne los.

Streichholzspiele

Gerade oder ungerade?

Ihr braucht zu diesem Knobelspiel einen kleinen Vorrat an Streichhölzern. Nun greift ein Spieler hinein, schließt die Hand und fragt einen seiner Mitspieler: „Gerade oder ungerade?" Wenn dieser richtig rät, gehört ihm der Hand-Inhalt. Rät er aber falsch, muß er selbst ein Streichholz dazulegen. Nun kommt der zweite Spieler dran.

Streichholzschätztest

Laß eine halbvolle Streichholzschachtel herumgehen. Nun dürfen alle die Schachtel ein paarmal schütteln und dann schätzen, wieviele Hölzchen sie enthält. Wer der Wahrheit am nächsten kommt, ist Schätzmeister.

145

Würfelspiele

Aufgabenwürfeln

Jeder, der Lust hat mitzuspielen, darf zunächst einmal auf Zettel witzige Aufgaben schreiben, ähnlich dem Pfändereinlösen, z. B. „ein Lied singen", „zehnmal um den Tisch rennen" usw. Es können aber auch Aufgaben sein, die mit dem Spielverlauf etwas zu tun haben, z. B. einmal aussetzen, 3 Felder vorrücken usw. Alle diese Zettel werden von einem Spielleiter gemischt und verdeckt auf einen Stoß in die Mitte gelegt. Nun werden Spielkarten auf dem Boden ausgelegt, und zwar in einer langen Strecke mit vielen Kurven. Hinter der letzten Karte kann ein kleiner Preis für den Sieger bereitliegen. Nun braucht jeder Spieler einen Läufer. Dies kann ein normales Halmamännchen sein, aber auch irgendein persönlicher Gegenstand, z. B. ein Knopf, ein Schlüssel oder eine Uhr. Mit ihrer Spielfigur stellen sich alle Spieler vor die unterste Karte. Und nun geht's endlich los: Der Reihe nach wird gewürfelt und der Augenzahl nach auf den Spielkarten vorgerückt. Jedesmal, wenn man auf ein Bild (Bube, Dame, König, As) kommt, muß man einen Zettel vom Stoß abheben und die entsprechende Aufgabe erfüllen.

Höchste Augenzahl

Gewürfelt wird mit drei Würfeln und Lederbecher. Auf einem Zettel wird die von jedem Spieler gewürfelte Augenzahl notiert. Wer nach einer (vorher!) vereinbarten Zahl von Spielrunden die höchste Augenzahl hat, ist Sieger.

Plus und minus

Jeder Spieler hat hintereinander sieben Würfe. Die Augen von Wurf 1 und 2 werden zusammengezählt, Wurf 3 abgezogen, Wurf 4 dazugezählt, Wurf 5 abgezogen, Wurf 6 dazugezählt und Wurf 7 wieder abgezogen. Wer hat am Schluß die höchste Augenzahl?

Schlimme Drei

Dies ist ein richtiges Risiko-Spiel. Jeder darf hintereinander so oft würfeln, wie er möchte. Aber: Wer eine 3 wirft, scheidet aus. Wer bringt es auf die höchste Augenzahl?

146

Hoher Herr

Alle Spieler würfeln reihum mit einem Würfel. Wer zuerst eine Sechs würfelt, wird zum Hohen Herren und darf nun seinen Mitspielern vorschreiben, welche Augenzahlen sie werfen sollen. Wer sich nicht nach dem Befehl des Hohen Herren richtet, muß zur Strafe ein Streichholz in dessen Kasse zahlen. Wer aber die richtige Augenzahl würfelt, bekommt vom Hohen Herrn so viele Streichhölzer, wie Würfelaugen vorgeschrieben waren. Wer eine Sechs würfelt, darf den Hohen Herrn ablösen und bekommt auch dessen Streichholzkasse. Wer hat am Ende die meisten Streichhölzer?

Hohe Hausnummer

Jeder Spieler möchte eine möglichst hohe dreistellige Zahl als Hausnummer erreichen. Dazu hat er drei Würfe hintereinander. Aber er muß sich nach jedem Wurf sofort entscheiden, ob er die gewürfelte Zahl an die Einer-, Zehner- oder Hunderterstelle schreibt.

Würfelhaus

Auf ein Blatt Papier malt ihr eine Zahlenhaus mit drei Spalten. Nun würfelt ihr reihum. Dabei muß jeder selbst entscheiden, in welche Spalte er die gewürfelte Zahl einträgt. Eine möglichst hohe Zahl solltet ihr natürlich in die Hunderter-Spalte eintragen. Nach dreimal Würfeln zählt ihr zusammen. Wer hat nun die höchste Zahl erreicht? Dann geht's auf in die nächste Runde.

Würfelbaum

Jedes Kind malt auf sein Blatt einen Baum mit vielen Ästen und 12 Äpfeln (oder anderen Früchten). In die Früchte werden zweimal die Ziffern 1 bis 6 geschrieben. Nun geht das Würfeln los. Immer diejenige Frucht darf ausgemalt werden, deren Zahl gewürfelt wurde. Wer ist als erstes mit seinem Baum fertig?

Würfelschnecke

Wieder braucht jeder ein Blatt Papier, auf das er nun eine Schnecke malt. Das Schneckenhaus wird in mindestens 15 kleine Felder unterteilt. In jedem Feld steht eine Zahl von 1 bis 6. Jede Zahl steht dabei für eine bestimmte Farbe: 1 entspricht blau, 2 rot, 3 gelb, 4 grün, 5 rosa, 6 orange. Reihum würfeln alle Kinder, und jeder darf nun das Feld anmalen, das seiner gewürfelten Zahl entspricht. Aussetzen muß, wer eine Zahl würfelt, deren Felder schon alle ausgemalt sind. Wessen Schneckenhaus ist als erstes ganz bunt?

Zahl verboten!

Bei diesem Spiel wird im Kreis von allen Kindern der Reihe nach durchgezählt, wobei bestimmte Zahlen ausgelassen werden müssen, z.B. alle Zahlen, die durch 4 teilbar sind. Stattdessen muß das Kind, das z.B. bei 4 dran wäre, ein Wörtchen sagen, auf das man sich vorher geeinigt hat, z.B. „hoppla". Jeweils das Kind, das zu zählen beginnt, bestimmt die verbotene Zahl. Dann geht es los: Hanni sagt 1, Bernd 2, Otto 3, Hedi hoppla, weiter: 5, 6, 7, hoppla, 9, 10, 11, hoppla usw. Erschweren könnt ihr das Spiel auch noch, wenn ihr vereinbart: Verboten sind alle Zahlen, die durch 3 teilbar sind und in denen die Ziffer 3 vorkommt (also z.B. auch 13) oder die durch 5 teilbar sind und deren Quersumme 5 ergibt (also z.B. auch 23). Wer einen Fehler macht, muß ein Pfand zahlen.

Welches Ergebnis stimmt?

Alle sitzen um den Tisch herum. Jedes Kind hat ein Blatt Papier und einen Stift vor sich. Es schreibt nun etwa (je nach Vereinbarung) fünf bis zehn Rechenaufgaben, die man im Kopf rechnen kann, auf. Neben jede Aufgabe schreibt es drei Ergebnisse, von denen natürlich nur eines richtig ist. Nun reicht es seinen Zettel im Uhrzeigersinn weiter. So muß nun jeder die Aufgabe eines anderen rechnen und die richtige Lösung ankreuzen. Dann geht der Zettel nochmal eins weiter und wird von einem dritten Kind korrigiert. Erst jetzt wird er zum ersten Kind zurückgegeben, das nun auch nochmal nachsehen kann, ob alles in Ordnung ist.

Logische Reihen

Weißt du, was eine logische Reihe ist? Hier siehst du mal ein einfaches Beispiel:
1, 3, 5, 7, 9...
Könntest du diese Reihe fortsetzen?
Na klar: 11, 13, 15, 17...
Einfach alle ungeraden Zahlen!
Noch ein Beispiel: 3, 6, 9, 12...
Und wie geht's weiter?
15, 18, 21, 24....
Das Dreiereinmaleins!
Jetzt wird's schwieriger:
5, 6, 4, 7, 3, 8...
Na?
So geht's weiter:
2, 9, 1, 10
Und wie ging das?

$$5 + 1 = 6$$
$$6 - 2 = 4$$
$$4 + 3 = 7$$
$$7 - 4 = 3$$
$$3 + 5 = 8$$
$$8 - 6 = 2$$
$$2 + 7 = 9$$
$$9 - 8 = 1$$
$$1 + 9 = 10$$

Hier sind nun ein paar logische Reihen, die du fortsetzen kannst:

a) 2, 4, 6, 8, 10...
b) 7, 14, 21, 28...
c) 4, 9, 14, 19, 24...
d) 5, 11, 17, 23, 29...
e) 10, 100, 9, 89, 8, 78...

Und nun knobel dir selbst ein paar logische Reihen aus! Die kannst du dann auch deinen Eltern, Geschwistern oder Freunden zum Tüfteln vorlegen.

Magische Quadrate

Bei den magischen Quadraten ergeben die Zahlen in einer Reihe (waagrecht, senkrecht, diagonal) immer dieselbe Zahl, wenn man sie zusammenzählt.

Schau dir das erste Feld unten auf der Zeichnung an. Hier ist die Summe der 1. Reihe 15. Demnach kommt an die Stelle rechts unten eine 2. Wenn man nun diagonal von der 8 zur 2 rechnet, fehlt im mittleren Kästchen der 2. Reihe eine 5. Der Rest geht nun ganz leicht zu ergänzen.

Das zweite Feld schaffst du nun sicher auch noch. Vielleicht hast du Lust, selbst so ein magisches Quadrat zu erfinden und andere rechnen zu lassen!?

Ergebnis-Memory

Wir schneiden uns eine gerade Anzahl von Kärtchen (z. B. 50) aus, die etwa fünf mal fünf cm groß sind. Nun schreiben wir je eine Plus- und eine Minusaufgabe auf, deren Ergebnis gleich ist, also zum Beispiel:
5 + 3 = ☐ und 9 − 1 = ☐
oder: 9 + 3 = ☐ und 19 − 7 = ☐
Wenn alle Kärtchen beschriftet sind, spielen wir nach den normalen Memory-Regeln, nur daß auf eine Seite des Tisches die Karten mit den Plusaufgaben kommen und auf die andere die Karten mit den Minusaufgaben - natürlich alle mit der Rückseite nach oben. Jeder Spieler darf nun je eine Karte von den Plus- und eine von den Minusaufgben aufdecken. Sind die Lösungen gleich, darf er das Paar behalten und nochmal zwei Karten aufdecken. Wenn nicht, werden die Karten wieder umgedreht. Gewonnen hat, wer am Schluß die meisten Paare hat.

Ratterbahn

Wer Dominosteine zu Hause hat, kann nicht nur Domino mit ihnen spielen. Sie lassen sich nämlich auch wunderbar zu einem Spiel verwenden, das Geduld, Konzentration und Geschicklichkeit erfordert. Man kann es alleine ebensogut wie zu zweit spielen. Die Dominosteine legt oder stellt (ist natürlich schwieriger, weil sie so leicht umkippen) man in einer Reihe auf, und zwar so, daß beim Antippen des ersten Steines die ganze Bahn ratternd zusammenkracht. Versuch es zunächst einmal ohne, dann aber auch mit Kurven. Ziel ist natürlich, die ganze Ratterbahn aufgestellt zu haben, ehe sie zusammenkracht.

Labyrinth

Auf ein rechteckiges Stück Pappe, vielleicht 10 × 15 cm groß, wird mit dem Bleistift ein Labyrinth aufgemalt. Dann schneidet man schmale Streifen aus Pappe so zurecht, daß sie als „Labyrinth-Mauern" dienen können. Man klebt sie auf das vorgezeichnete Labyrinth und befestigen sie zusätzlich mit Stecknadeln, die man senkrecht durch die „Mauern" in das Grundrechteck piekst. Als Ziel wird ein leeres Schneckenhaus, ein alter Fingerhut oder etwas ähnlich Geeignetes aufgeklebt, und zwar so, daß man eine Murmel hineinrollen kann. Nun also Murmeln oder kugelförmige Knöpfe holen – und los geht's mit dem Geduldsspiel.

Kartenhaus-Straßen

Ähnlich wie die Ratterbahn funktioniert das Spiel mit den Kartenhaus-Straßen. Gerade baut man glücklich am vierten Häuschen, da stürzt die ganze Straße ein. Aber nicht verzagen, mit etwas Geduld und ruhiger Hand wird's schon werden. Die Kartenhäuschen können übrigens einfach immer zwei gegeneinander gelehnte Spielkarten sein, oder viel kompliziertere Gebilde, bei denen an die ersten beiden Karten zwei weitere angelegt und auch oben noch so etliches getürmt wird.

150

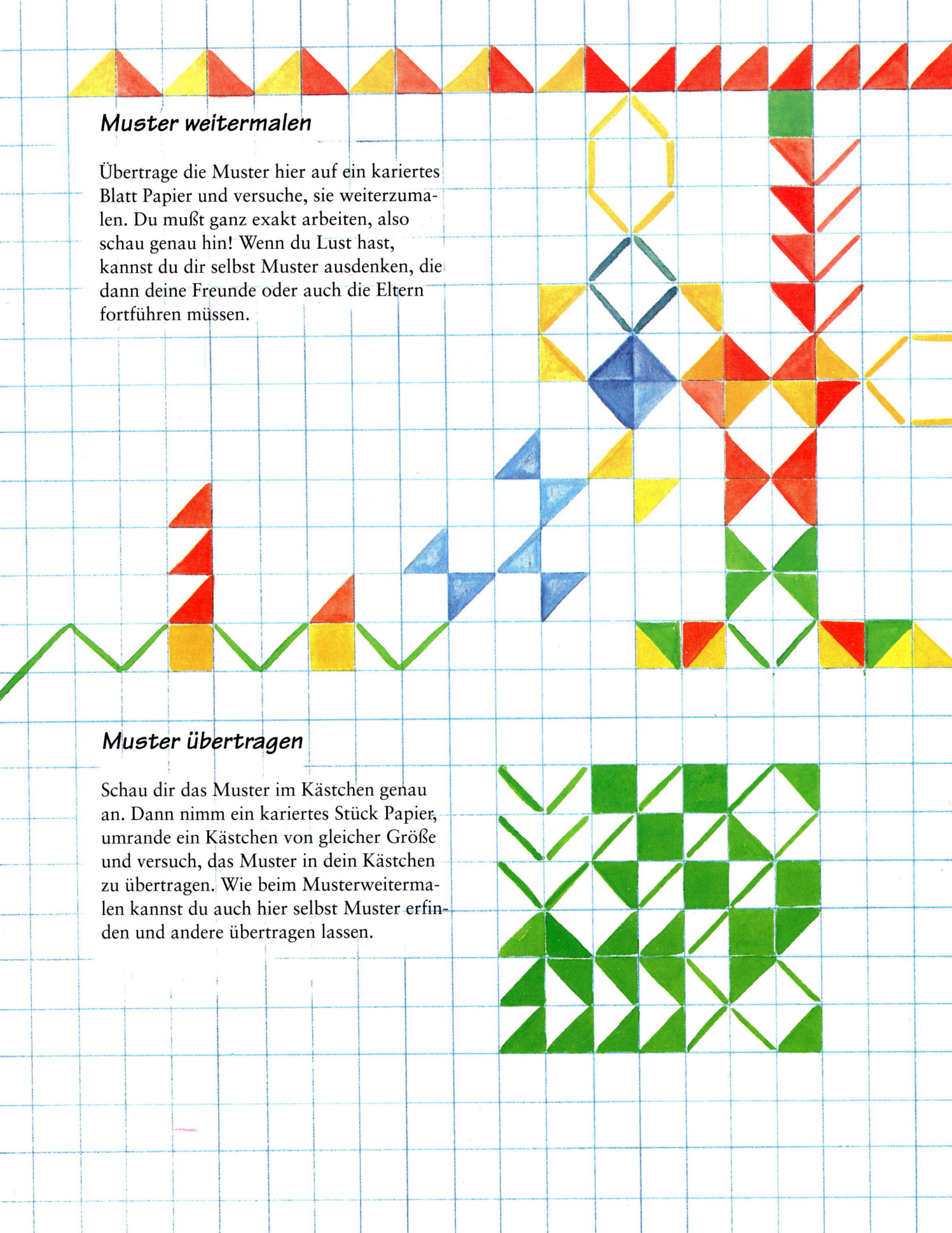

Muster weitermalen

Übertrage die Muster hier auf ein kariertes Blatt Papier und versuche, sie weiterzumalen. Du mußt ganz exakt arbeiten, also schau genau hin! Wenn du Lust hast, kannst du dir selbst Muster ausdenken, die dann deine Freunde oder auch die Eltern fortführen müssen.

Muster übertragen

Schau dir das Muster im Kästchen genau an. Dann nimm ein kariertes Stück Papier, umrande ein Kästchen von gleicher Größe und versuch, das Muster in dein Kästchen zu übertragen. Wie beim Musterweitermalen kannst du auch hier selbst Muster erfinden und andere übertragen lassen.

152

Nach dem Regen

Vielfarbiger Regenbogen

Mit Wasserfarben kann man einen wunderschönen Regenbogen malen. Man mischt dabei möglichst viele Abstufungen zwischen rot – orange – gelb – grün – blau – lila. Aber natürlich steht so ein Regenbogen nicht alleine da, sondern umspannt eine richtige Landschaft mit Wiesen, Bergen, Häusern usw.

Regenbogen-Tonpapier

Nach so viel Regen und Regenbogen wird unbedingt noch etwas mit dem wirklich toll aussehenden Regenbogen-Tonpapier gebastelt. So können z.B. kleine Schachteln beklebt werden. Super sieht auch ein Schmetterling aus, für den man das Papier wie eine Ziehharmonika faltet, in der Mitte zusammendrückt und ein wenig in Schmetterlingsform schneidet. Dann fehlt nur noch ein Körper aus schwarzem Tonpapier mit Fühlern und Augen. Was ihr sonst noch alles mit diesem Papier machen könnt? Laßt euch von der Regenbogenfarbe inspirieren!

Regenbogen-Sand

Rührt euch auf flachen Tellern Regenbogenfarben an, und zwar viel Farbe mit recht wenig Wasser, so daß die Mischung sehr dickflüssig wird.
Nun mischt man Sand darunter. Man muß ein wenig experimentieren, bis man das richtige Mischungsverhältnis gefunden hat. Der farbige Sand muß jetzt auf den Tellern trocknen. Das kann schon eine Weile dauern. Gelegentliches Umrühren ist dabei zu empfehlen. Ist endlich alles getrocknet, kann man daraus regenbogenfarbige Sandgläser herstellen. Gut geeignet sind Marmeladen-, Honig-, oder Gurkengläser mit Deckel, vielleicht aber auch eine kleine Glasvase oder ein Glasfläschchen. Nacheinander werden nun die verschiedenen Farben in Schichten eingefüllt. Vorsichtig sein beim Einfüllen und Tragen der Gläser, damit sich die Schichten nicht vermischen!

153

Die weinende Vogelscheuche

Mitten in einem Obstgarten gab es eine Vogelscheuche. Sie stand hoch droben im Kirschbaum, ein wenig schief, schäbig gekleidet und mutterseelenalleine. Sie stand und stand und stand und stand.

Eines Tages regnete es. Es regnete so sehr, daß sich unter dem Kirschbaum über Nacht eine riesige Pfütze bildete. Als die Vogelscheuche am Morgen ihre Augen aufschlug, fiel ihr Blick in die Pfütze, und sie sah – ihr eigenes Spiegelbild. Da wurde ihr klar, warum sie so alleine war, und sie weinte bitterlich.

„O je, o je", schluchzte sie, „niemand sieht so schrecklich aus wie ich. Mich kann keiner liebhaben."

Da kam ein Vogel angeflogen. Er setzte sich frech der Vogelscheuche auf den Kopf und zwitscherte: „Was ist denn das – eine Vogelscheuche, die weint?"

„Ich bin so traurig, weil ich so häßlich bin", stieß die Vogelscheuche hervor. „Keiner hat mich gern."

„Ich bin ein Spatz", meinte der Vogel keck, „mich haben auch nicht viele gern, weil ich angeblich kein schöner und nützlicher Vogel bin. Aber das macht mir nichts. Ich bin nun mal so und fühle mich trotzdem wohl."

Da kam eine Schnecke vorbeigekrochen. Sie hielt an und sprach verwundert: „Was ist denn das – eine Vogelscheuche, die weint?"

„Ich bin so traurig, weil ich so häßlich bin", jammerte die Vogelscheuche. „Keiner hat mich gern."

„Wir Schnecken sind auch nicht sehr beliebt, weil wir so glitschig sind und den Menschen die Ernte anfressen. Aber das macht uns nichts. Wir sind nun mal so und fühlen uns trotzdem wohl."

Da spitzte eine Wühlmaus aus der Erde: „Was ist denn das – eine Vogelscheuche, die weint?"

„Ich bin so traurig, weil ich so häßlich bin", klagte die Vogelscheuche. „Keiner hat mich gern."

„Da geht es dir wie uns. Wir Wühlmäuse werden oft beschimpft, weil wir beim Wühlen die Wurzeln der Pflanzen zerstören. Aber wir sind nun mal so und fühlen uns trotzdem wohl."

Nun hörte die Vogelscheuche auf zu weinen. „Danke, daß ihr mich aufgemuntert habt. Das war nett von euch. Vielleicht ist es gar nicht so wichtig, wie ich aussehe. – Obwohl ich lieber schön wäre", setzte sie leise hinzu.

Da steckten der Spatz, die Schnecke und die Wühlmaus die Köpfe zusammen, und kurz darauf machten sie sich an die Arbeit.

Die Schnecke begann. Sie schob sich Zentimeter für Zentimeter den Baumstamm empor und überzog schließlich die Vogelscheuche mit einer hauchdünnen Schicht klebrigen Schneckenschleims.

Dann war der Spatz an der Reihe. Er zwitscherte seine gefiederten Freunde herbei. Sie hörten sich an, was er zu ihnen zu sagen hatte, und bald schon trugen sie die unterschiedlichsten Blütenblätter im Schnabel, um damit der Vogelscheuche ein buntes Kleid zu kleben.

Als letztes ging die Wühlmaus ans Werk. Sie grub sich in die Erde und tauchte nur ab und zu wieder auf, um ein glitzerndes Steinchen abzuladen. Als ein kleiner Haufen beisammen war, schrie der Spatz: „Halt! Das genügt", schnappte sich ein Steinchen nach dem anderen und legte damit der Vogelscheuche glänzende Schmuckstücke an.

„J E T Z T mußt du in die Pfütze schauen",
sagten die drei zur Vogelscheuche. Diese
senkte ungläubig den Kopf und blieb eine
Weile stumm. Dann aber schniefte sie:

„Ich weiß nicht, wie ich euch danken soll."
„Nicht schon wieder weinen!" riefen die
Tiere im Chor. „Wir freuen uns ja, daß du
dich freust."
Die Wühlmaus buddelte dabei ein wenig
verlegen in der Erde, die Schnecke rückte
ihr Häuschen zurecht, und der Spatz setzte
sich wieder frech der Vogelscheuche mitten
auf den Kopf.

Heidemarie Brosche

155

Regenbogen - selbstgemacht

Wenn man ein Glas Wasser so auf die Fensterbank stellt, daß die Sonne hindurchscheint, „malt" sie uns einen Regenbogen auf den Boden. Man sieht ihn besonders gut, wenn man ein weißes Blatt Papier auf die Stelle legt.

„So, und wenn es jetzt mal wieder richtig sonnig draußen ist, könnt ihr euch auch da einen Regenbogen selbermachen", weiß Trops noch zu berichten. „Haltet einfach den Strahl eines Wasserschlauchs in die Sonne und schaut genau hin!"

„Ja, und wenn euch jetzt noch langweilig ist, dann seid ihr selber schuld", kichert Trips.

Trops stößt sie in die Seite. „Wir müssen uns verabschieden, die anderen sind schon alle weg."

„Ach ja", Trips erschrickt, „die Sonne scheint ja schon wieder. Na dann, lieber Andi, liebe Lena, wir waren gern bei euch. Wir hoffen, wir sehen uns bald mal wieder. Sicher findet ihr jetzt auch, daß Regen gar nicht so doof ist, wie ihr geglaubt habt, ja, daß man auch bei Regen eine Menge Spaß haben kann.

„Danke für die vielen Tips, Trops und Trips!" reimen Andi und Lena den beiden zum Abschied noch. „Und es wäre schön, euch bald wieder zu sehn."

Winkend verschwinden die beiden in der Ferne.

„Weißt du was", wendet sich Andi nach einer Weile nachdenklich an seine Schwester, „jetzt freue ich mich tatsächlich auf den nächsten Regentag!"

„Ich auch", seufzt Lena, „und wie!"

„Meinst du, wir sehen Trips und Trops mal wieder?" „Ich glaube schon. So wie die beiden in der Welt herumkommen, schauen sie bestimmt mal wieder bei uns herein."